Meddyliau Eilir

EILIR JONES

I Osian a Rhidian

Noddir gan
Lywodraeth Cymru
Sponsored by
Welsh Government

⬢ **CYNGOR LLYFRAU CYMRU**

ISBN: 978 184771 635 4
Argraffiad cyntaf: 2013

© Eilir Jones a'r Lolfa, 2013

Mae Eilir Jones wedi datgan ei hawl dan
Ddeddf Hawlfraint, Dyluniadau a Phatentau 1988
i gael ei gydnabod fel awdur y llyfr hwn.

Mae'r prosiect Stori Sydyn/Quick Reads yng Nghymru
yn cael ei gydlynu gan Gyngor Llyfrau Cymru
a'i gefnogi gan Lywodraeth Cymru.

Argaffwyd a chyhoeddwyd gan
Y Lolfa, Talybont, Ceredigion SY24 5HE
gwefan www.ylolfa.com
e-bost ylolfa@ylolfa.com
ffôn 01970 832 304
ffacs 832782

MEDDYLIAU EILIR

Annwyl gyfaill

Yn gyntaf, gyfaill annwyl, diolch am brynu'r llyfr yma. Bydd pob ceiniog o'r elw yn mynd at gynnal ysbytai, ysgolion ac i gadw pensiynwyr yn gynnes yn y gaeaf. Sut? Wel, wrth i fi dalu fy mil treth.

Dwi 'di sgwennu am y pethau dwi wedi bod yn hel meddyliau amdanyn nhw. Wedi i chi ddarllen y llyfr fe wnewch chi arbed arian a sylweddoli eich bod yn byw ar blaned yng nghwmni llawer iawn o bobol wallgo. Fe wnewch chi hefyd ennill y ddawn o fedru sbotio pobol sy'n malu awyr yn syth.

Fel arwydd o ddiolch, mi fydd rhai ohonoch chi'n teimlo bod yn rhaid i chi dalu mwy i mi am y llyfr hwn wrth i fi gyflawni hyn oll. Bydd rhai ohonoch chi'n teimlo bod rhaid i chi ddod ata i ar y stryd er mwyn diolch i mi drwy rhoi decpunt yn ychwanegol i mi. Gyfaill annwyl, dwi ddim yma i wneud pres mawr. Dwi'n fodlon rhannu fy meddyliau ag unrhyw un. Dwi'n fodlon helpu unrhyw un. Dwi ddim am gymryd mantais o unrhyw un. Felly, mi fydd pumpunt yn hen ddigon, diolch yn fawr i chi.

DARLLEN Y SÊR

Cyn i mi fynd dim pellach, fe hoffwn ddweud un peth pwysig fydd yn help mawr i'r ddynoliaeth yn y dyfodol. Ddim yn aml cewch chi gyngor mor adeiladol mewn llyfr Cymraeg, felly ga i ofyn yn garedig i chi ganolbwyntio ar yr hyn sydd gen i i'w ddweud. Chi, bobol, sy'n coelio eich horosgop ac yn ei ddarllen bob dydd, gwrandewch yn astud.

Dylia pob Twm, Dic, Harri a Blodwen sy'n darllen horosgop ac yn meddwl ei fod yn dweud y gwir, wneud un peth pwysig. Mond un peth – a chostith o 'run geiniog i chi.

Dyma sydd rhaid i chi ei wneud – rhywbeth digon syml i chi sy'n darllen eich horosgop. Ewch i lawr i syrjeri'r doctor a gofyn iddo fo neu hi roi cwlwm yn eich *vas deferens* neu eich tiwbiau ffalopian ar frys. Dyna i gyd. Hawdd.

Gofynnwch am gael y cwlwm mwya cymhleth posib. Cwlwm fyddai'n ddigon tyn fel na fydd neb yn gallu ei ddatod. Ddim hyd yn oed hanner cant o Sea Scouts a Stephen Hawking. Mi fyddai gwneud hynny'n gwneud yn siŵr nad ydi eich ofergoelion gwirion yn cael eu pasio mlaen i'r genhedlaeth nesaf. Byddai hynny hefyd yn cael gwared ar y twyllwyr gwallgo sy'n pedlo'r lol yma o'r byd hwn yn gyfan gwbl.

Mae'n rhaid i chi ddeall un peth, tydi horosgops ddim yn dweud y gwir, a does dim unrhyw bwrpas eu darllen bob dydd er mwyn gweld a oes rhywbeth drwg yn mynd i ddigwydd. Beth ydi'r pwynt? Mae'n siŵr y bydd pethau drwg yn digwydd i bawb o ddydd i ddydd, ond dwi'n un o'r bobol hynny sydd ddim am wybod tan ei fod yn digwydd ac wedi digwydd. Mae bywyd yn ddigon anodd wrth drio canolbwyntio ar heddiw. Dwi'm isio codi yn y bora a darllen y papur a gweld bod pethau'n mynd o ddrwg i waeth. Fyddai ddim pwynt codi o'r gwely, na fyddai? Mae mwy o synnwyr cyffredin mewn gorwedd ar lawr y tu ôl i goesau ôl buwch mewn beudy. Mae gwneud hynny'n gallach na darllen y sêr; a dweud y gwir, mae mwy o sens yn dod o'r twll ym mhen-ôl buwch...

'Paid â phoeni am y dyfodol,' meddai un dyn call wrtha i un tro. 'Tria aros a wynebu heddiw,' medda fo. 'Os oes gen ti un goes yn y dyfodol a'r goes arall yn y gorffennol, yna os byddi di'n edrych i lawr, dim ond piso ar heddiw fyddi di.' Mae'r creadur wedi marw bellach, heddwch i'w lwch, ac yn y sêr pan fu farw roedd neges yn dweud ei fod am drafeilio lot yn ystod y dyddiau nesa. Aeth y creadur ddim pellach na thair milltir i'r fynwent.

Bydd y bobol yma sy'n credu mewn darllen y sêr yn gofyn dan ba arwydd gawsoch chi eich geni. Pan ydach chi'n eu hateb nhw byddan nhw'n siŵr o ddweud, 'O ia, dyna ro'n i'n meddwl oeddat ti.' Rwtsh! Rwtsh mawr, tew a blewog!

Does neb erioed wedi dweud wrtha i'n gywir pa arwydd ydw i, chwaith, er bod llawer wedi trio.

'Hwrdd wyt ti?'

'Nage!'

'Llew wyt ti, achos ti'n hoff o ddweud dy farn am bobol eraill ac yn meddwl mai chdi sy'n iawn am bob dim?'

'Nage!'

'Wel, beth wyt ti 'ta?'

'Oes yna arwydd fath â bocsar?'

'Nag oes. Pam?'

'Bob tro bydda i'n clywed y rwtsh yma am horosgop gan bobol fel chdi, dwi'n teimlo fel dyrnu ychydig o synnwyr cyffredin i mewn i'ch pennau chi.'

Trïwch ddallt, plis. Fyddai gennych chi fwy o siawns gwybod beth sy'n mynd i ddigwydd yn y dyfodol drwy stwffio eich bys i fyny eich pen-ôl. Os gwnewch chi hynny, mi fedra i ddweud wrthach chi'n ddigon hawdd beth fydd yn digwydd wedyn. Rydach chi'n mynd i dynnu'ch bys allan a bydd hwnnw'n drewi.

Mae arwyddion y sêr wedi'u creu drwy chwarae dot i ddot, a mynd o un seren i'r llall. Miloedd o flynyddoedd yn ôl, mae'n rhaid bod rhyw ddyn neu ddynes wedi penderfynu tynnu llun pethau drwy dynnu llinell o un seren i'r llall. Does neb yn gwybod beth oedd ei enw fo neu'i henw hi, ond mae un peth yn sicr. Roedd y ffŵl gwirion yr un mor wirion â'r bobol hynny sy'n darllen eu horosgops.

Lluniau o beth ydyn nhw? Wel, Pysgod, Llew, Sgorpion, Cludwr dŵr, ac yn y blaen. Pam? Yr unig reswm pam mai'r lluniau yna ddaru gael eu creu oedd achos dyna'r cwbwl oedd ar y ddaear yr adeg honno, yntê. Sgorpions, llewod, a phobol yn cario dŵr. Doedd o ddim yn mynd i greu llun o rywbeth nad oedd o wedi'i weld, nag oedd.

Edrychwch ar y sêr y dyddiau yma. Medrwch chi greu llun o rywbeth liciwch chi efo nhw drwy fynd o ddot i ddot. Medrwch chi wneud llun iPad, Ford Sierra, neu botelaid o gwrw os liciwch chi. Un noson, llwyddais i wneud llun dot i ddot o weithiwr ffordd y cyngor sir. Rhaid cyfaddef ei fod o'n debyg iawn i weithiwr ffordd y cyngor sir hefyd, er efallai fod y llun yn symud yn gynt o un lle i'r llall na hwnnw!

Mae rhai pobol yn credu bod y planedau sy'n symud o gwmpas yn yr awyr, filoedd o filltiroedd i ffwrdd, yn gallu effeithio ar ein bywydau o ddydd i ddydd. Tasan nhw ond yn stopio darllen y rwtsh yma, mi fyddai ganddyn nhw fwy o amser i wneud yn siŵr eu bod yn dilyn y llwybrau cywir yn eu bywydau. Yr unig bryd y bydd rhaid iddyn nhw boeni am bethau sy'n hedfan uwch eu pennau ydi pan fyddan nhw ar y prom mewn tref lan y môr fel Llandudno. Mae boms y gwylanod yn beryg bywyd!

Mae'r horosgop y medrwch chi ei ddarllen bob dydd yn y papurau newydd mor niwlog a phenagored fel ei fod yn berthnasol i bawb. Ym mhob un horosgop mae angen pum peth:

1. Yn gynta, rhaid cael brawddeg gyffredinol am natur cymeriad sy'n berthnasol i'r rhan fwya o bobl. Rhywbeth fel, 'Rydych yn berson sy'n meddwl tipyn'. Wrth gwrs eich bod chi – pwy sy ddim? Un arall byddan nhw'n ei ddefnyddio ydi, 'Rydych yn berson ystyriol ac yn ofalus o'ch sefyllfa ariannol'. Faint o sens mae hynny'n ei wneud pan ydan ni yng nghanol y dirwasgiad mwya ers y tridegau? Mae pawb sydd heb bres isio

pres a phawb sydd â phres isio cadw gafael arno.

2. Rhaid cael neges â dau ystyr sy'n dweud y gwir am bobl er mwyn trio cyfro pob posibilrwydd. Pethau fel, 'Rydych yn hoff o'ch cwmni eich hun, ond eto'n mwynhau bod gyda'ch ffrindiau a'ch teulu'. O ie, neges gyson arall ydi, 'Rydych yn berson penderfynol ond yn ei chael hi'n anodd gwneud penderfyniadau ar adegau'.

3. Rhaid cynnwys cyngor amlwg fel, 'Gweithiwch yn galed ac fe gewch eich gwobr'. Y peth ydi, mae pawb yn gwybod hynny'n barod. Mae sgwennu hynna 'run peth yn union â dweud, 'Rhowch eich bys yn eich clust a'i lyfu wedyn a bydd yn blasu'n uffernol'.

4. Rhaid cynnwys rhywbeth mae rhywun yn hoffi ei glywed. 'Mae hwn yn gyfnod da am ychydig o ramant'. Neu'r gorau ohonyn nhw i gyd – yr un sy'n mynd i wneud yn siŵr y bydd pobol yn prynu'r papur newydd sy'n cynnwys y lol – 'Mae arian ar ei ffordd atoch'.

5. Yn ola, rhaid cael un elfen arall i wneud yn siŵr fod neges y rhai sy'n darllen y sêr yn llwyddo. Beth ydi honno, medda chi?

Wel, mi ddweda i wrthoch chi. Rhaid cael person sy'n ddigon gwirion i goelio yn yr holl beth.

Taswn i'n dweud fy marn am hyn yn ddiflewyn-ar-dafod mi fyddai llawer iawn o regi. Ond gan nad ydi'r Cyngor Llyfrau am wario arian mawr ar Tippex, well i mi ffrwyno fy nhymer.

Mae busnes yr horosgops yma'n honco bost. Bydd rhai pobol yn fodlon talu pres mawr er mwyn clywed eu ffortiwn. Byddan nhw'n mynd at y dyn neu'r ddynes dweud ffortiwn ac yn dweud ble, pryd a sut gawson nhw eu geni er mwyn cael siart. Pam ei bod hi mor bwysig cael gwybod pryd gawsoch chi eich geni er mwyn cael siart? Fyddai hi ddim yn bwysicach gwybod pryd ddechreuodd y cwbwl, tua naw mis cyn hynny?

Dadl y bobol sy'n darllen y sêr ydi ei bod hi'n bwysig gwybod ble roedd yr haul, y lleuad a'r planedau pan gafodd person ei eni er mwyn creu siart neu ddarlleniad cywir. Ond tydi'r broses o eni plentyn ddim yn digwydd mor sydyn â rhywun yn popio corcyn potelaid o siampên neu wthio llythyr trwy flwch llythyrau.

Fydd dim llawer o ferched yn mynd i ward y mamau ac yn sydyn yn darganfod babi bach ar waelod eu gwlâu. Chafodd fy mab i ddim ei eni'n sydyn. Roedd hi'n awr go dda rhwng gweld ei wallt a gweld bodiau ei draed. Felly, pryd yn union gafodd o ei eni? Pan ymddangosodd ei wallt neu pan ddaeth ei draed i'r golwg? Oes gan ei ben a'i draed siartiau cwbwl wahanol? Beth am y merched sy'n cael triniaeth Caesarian? Mae'r holl beth wedyn yn dibynnu ar y doctor – pryd mae'n gorffen ei de, yn rhoi'r gorau i drio cael rhif ffôn rhyw nyrs ifanc, yn mynd yn ôl i'r ward a pha mor siarp ydi ei gyllell o.

Flynyddoedd yn ôl roedd 'na ddynes ar y teledu bob nos Sadwrn yn ystod rhaglen y Loteri Cenedlaethol. Roedd Mystic Meg yn dweud wrth y gwirion a'r concýsd beth oedd y rhifau lwcus a pha rifau ddylien nhw eu dewis ar gyfer y loteri. Roedd pawb yn meddwl ei bod hi'n wych, a'r ofergoelus yn gwrando ar bob gair. Ond os oedd hi mor dda am broffwydo'r rhifau, pam na fyddai'r ffŵl yn cau ei cheg a chystadlu ar y loteri ei hun? Ac ennill bob wythnos!

Mae nifer fawr o bobol yn dweud bod darllen y sêr yn gweithio. Fedran nhw ddim profi hynny ond un peth sy'n hawdd ei brofi – tydi pennau'r bobol sy'n dweud y ffasiwn beth ddim yn gweithio.

'Mae ganddon ni nifer fawr o gwsmeriaid hapus,' meddai pobol y sêr wrth iddyn nhw werthu eu llyfrau i'r gwan a'r gwirion. Tydi hynny'n golygu dim byd. Mae gan gwmnïau gwerthu byrgers ddigonedd o gwsmeriaid hapus. Eto i gyd, tydi hynny ddim yn golygu bod y byrgers yn gwneud lles iddyn nhw. Bwytwch chi fyrgers bob dydd o'r wythnos ac mi fedra i ddweud wrthoch chi beth sy'n debygol o ddigwydd i chi yn y dyfodol heb edrych ar y sêr. Bydd risg fawr y gallwch chi farw'n ifanc ac fe fydd angen arch arnoch chi fydd yr un lled a'r un hyd.

Felly, i grynhoi – mae darllen y sêr yn 'mymbo jymbo' pedair mil o flynyddoedd oed sy'n trio gwneud cysylltiad rhwng lleoliad y planedau pan gawsoch chi eich geni a'ch tynged.

Os ydach chi wedi ffeindio bywyd yn anodd dros y blynyddoedd, tydi hynny'n ddim i'w wneud â'r planedau na phryd y cawsoch chi eich geni. Yn hytrach na darllen y rwtsh yma gwnewch rywbeth mwy defnyddiol fel dweud wrth rywun eich bod chi'n eu caru nhw, neu gynnig help llaw iddyn nhw. Os na fedrwch chi wneud hynny, does dim llawer o obaith i chi.

Os ydach chi'n meddwl 'mod i'n gas wrth feirniadu'r bobol yma a 'mod i wedi mynd yn rhy bell, wel, dyna fo. Rhyngddoch chi a'ch pethau. Os ydach chi am gael gwybod beth sydd am ddigwydd i chi yn y dyfodol, ewch i ofyn i bostyn giât – cewch chi fwy o sens gan hwnnw.

HELPU EICH HUN

Pan fydd bywyd yn greulon, pan fydd popeth yn mynd o'i le, pan rydach chi'n gweld pobol hyll yn syllu arnoch chi, cyn sylweddoli mai chi eich hun sy'n edrych mewn drych; pan na fedrwch weld y golau ym mhen draw'r twnnel, dim ond un peth dwi'n eich cynghori i beidio â gwneud. Peidiwch â phrynu llyfr *self-help* achos mi fedrith wneud popeth yn waeth o lawer. A dweud y gwir, mae 'na fwy o gaca yn y llyfrau *self-help* 'ma nag sy mewn portalŵ yn ymyl craen naid bwnji.

Mae cannoedd o'r llyfrau hyn ar gael ar y we ac yn y siopau. Teitlau fel *The Power of Now* – llyfr sy'n cynghori pobol i ganolbwyntio ar y presennol yn hytrach nag ar y gorffennol neu'r dyfodol er mwyn gwella. Y cwbwl rydach chi'n neud ydi anghofio eich bod chi'n teimlo'n rêl ffŵl am eich bod chi'n eistedd ar eich tin yn darllen y llyfr.

Wedyn, mae'r llyfr *Feel the Fear and Do It Anyway* yn dweud ei fod o help i bobol wynebu eu hofnau. Ond tra ydach chi'n ei ddarllen, yr unig beth sy'n eich dychryn chi ydi'r ffaith fod rhai pobol yn ddigon gwirion i wario pres ar y ffasiwn nonsens.

Un arall poblogaidd ydi'r llyfr gan Anthony Robbins, dyn mawr cyhyrog sydd wedi gwario mwy ar ei ddannedd nag ydw i wedi'i wario erioed ar geir. Mae'n haeddu slap am ei fod o mor bositif am bopeth drwy'r amser. Mae pawb isio bod yn hapus ac yn swnllyd fel Anthony efo'i *high fives* diddiwedd. Ond bysai'n well gen i weld o'n cyfaddef o bryd i'w gilydd ei fod yn cael ambell ddiwrnod cachlyd.

Awaken the Giant Within ydi teitl ei lyfr o, ac mae'n dweud ar y clawr y bydd y llyfr o gymorth i chi newid eich sefyllfa ariannol yn llwyr. Eto i gyd, mae'r teitl yn swnio swnio'n fwy addas i helpu dynion efo *erectile dysfunction*.

Ewch i unrhyw siop lyfrau ac fe welwch chi gannoedd o rai tebyg i hyn ar y silffoedd ac o'u blaen nhw bydd rhesi o bobol fyddai'n dychryn o glywed cath yn mewian.

Ydach chi'n gwybod pam eu bod nhw'n galw'r llyfrau yn llyfrau *self-help*? Wel, mi ddweda i wrthoch chi. Cyfeirio mae'r term *self-help* at yr awduron, at y ffaith eu bod nhw'n cymryd mantais ohonoch chi ac yn rhoi cymorth iddyn nhw'u hunain. Nhw sy'n helpu eu hunain drwy gymryd eich arian. Sgam ydi'r holl beth.

Fel arfer, bydd y bobol sy'n eu prynu nhw'n

teimlo bod rhywbeth o'i le, ac y dylien nhw fod yn teimlo'n well. Eraill yn meddwl y dylien nhw gael o leia filiwn o bunnau yn y banc er eu bod nhw'n sgint ar y pryd. Felly, maen nhw'n prynu llyfrau a all wneud iddyn nhw deimlo'n well neu roi cymorth iddyn nhw i greu ffortiwn. Ond y peth ydi, os ydach chi'n sgint ac yn prynu llyfr *self-help*, yna byddwch chi'n fwy sgint nag roeddach chi cyn ei brynu. Byddwch chi hefyd yn debygol o deimlo'n waeth ar ôl ei ddarllen am eich bod yn teimlo'n rêl ffŵl. Yr unig berson sy'n mynd i wneud pres a theimlo'n well ydi'r awdur sy wedi gwerthu'r llyfr i chi yn y lle cynta.

Dyliai'r bobol sy'n prynu'r llyfrau hyn gael eu gwahardd rhag mynd i siopau llyfrau. Dyliai rhywun guddio'u sgidiau nhw. Yr unig beth sy'n debygol o newid sut maen nhw'n teimlo ydi prynu llyfrau ar synnwyr cyffredin. Ond fyddan nhw ddim yn mynd i siop lyfrau a cherdded at y silffoedd lle mae'r geiriau 'synnwyr cyffredin' wedi'u sgwennu ar dop y silffoedd achos byddan nhw'n teimlo'n ormod o ffyliaid gwirion i wneud hynny. Mi fydd pobol yn teimlo llai o embaras wrth brynu llyfr ar bornograffi na llyfr ar synnwyr cyffredin.

Bydd pawb yn teimlo'n drist, yn teimlo bod rhywbeth o'i le, neu'n teimlo fel ffŵl ar adegau. Eto i gyd, bydd cerdded i mewn i siop lyfrau at y silffoedd llyfrau *self-help* yn gwneud i chi edrych yn ogystal â theimlo fel ffŵl.

Un o'r cynghorion mae'r llyfrau hyn yn ei roi ydi y dyliech chi eistedd a chau eich llygaid. I fod yn llwyddiannus mae angen i chi ddychmygu eich bod yn edrych yn llawer gwell, yn byw mewn tŷ hyfryd a'ch bod yng nghwmni partner del a bod ganddoch chi lot o bres yn y banc. Celwydd golau! Tydi hynny ddim yn wir. Os ydach chi dros bwysau, yn dlawd ac yn byw efo partner hyll fath â bwci-bo, tydi eistedd i lawr a breuddwydio ddim yn mynd i fod o gymorth i chi. Ewch am dro neu, gwell fyth, os ydach chi'n cario gormod o bwysau ac efo partner digon hyll i ddychryn cathod, yna dechreuwch redeg. Rhedwch yn ddigon pell fel na all y partner ddod o hyd i chi.

Tydi breuddwydio am wneud ffortiwn ddim yn mynd i fod yn fawr o help – waeth i chi fynd allan efo bwcad a rhaw i chwilio am enfys a'r crochan llawn aur. Neu hyd yn oed tynnu eich dannedd i gyd a gobeithio y bydd y tylwyth teg yn talu amdanyn nhw efo siec!

Does dim ffordd sydyn o wneud ffortiwn,

felly peidiwch ag eistedd yn breuddwydio am ennill y loteri, na breuddwydio am wneud ffortiwn yn eich gwaith. Fel dwedodd un ffarmwr call (rhywbeth prin iawn!) wrtha i unwaith, 'Yr unig le y ffeindi di ffortiwn ydi mewn geiriadur.'

Mae'r diwydiant 'helpu eich hun' yn werth biliynau ac yn cynhyrchu llyfrau, CDs a DVDs ac yn cynnal cyrsiau'n ddyddiol. O ble daeth yr holl ddiwydiant hwn? O America, siŵr iawn. Mae pawb yno'n coelio yn y freuddwyd Americanaidd. Os nad ydyn nhw'n llwyddo, maen nhw'n meddwl eu bod nhw ar fai, neu wedi gwneud rhywbeth o'i le, yn hytrach na sylweddoli a derbyn nad ydi bywyd yn deg bob amser.

Os ydach chi'n ddigon gwirion i wario pumpunt ar lyfr, fyddwch chi ddim yn fodlon nes byddwch yn prynu'r un nesa a'r un nesa wedyn, ac yna'r DVD a mynd ar un o'r cyrsiau yn y diwedd. Dwi wedi clywed bod Anthony Robbins yn gwneud i bobol gerdded yn droednoeth dros lo poeth ar ddiwedd ei gyrsiau. Mae'n rhoi deg llath o lo ar dân a phan fydd y glo yn chwilboeth, mae pobol yn cerdded drosto i ddangos eu bod yn barod i wynebu eu hofnau a theimlo'n fwy hyderus. Wynebu eu hofnau? Teimlo'n hyderus? Yr unig beth mae hyn yn ei brofi ydi eich bod yn berson gwirion iawn os tynnwch chi eich sgidiau cyn cerdded dros y glo.

Pan oeddwn i yn yr ysgol, doeddwn i byth yn gweld pwrpas mewn algebra, a'r un fath, dwi ddim yn gweld pwrpas cerdded dros lwybr o lo. Ers gadael yr ysgol, dwi erioed wedi meddwl, damia, piti na fyswn i wedi canolbwyntio mwy ar algebra er mwyn datrys rhyw broblem. Dwi ddim yn gallu meddwl am unrhyw achlysur pan fyddai tystysgrif yn dangos i mi gerdded yn droednoeth dros lo o gymorth i mi. Alla i ddim dychmygu sefyllfa lle byddwn i'n ddigon gwirion i ystyried gwneud hynny, chwaith.

Dewch ar gwrs, medden nhw – bydd eich problemau'n diflannu – ond yn y bôn yr unig beth sy'n diflannu ydi eich pres chi.

YR URDD

PETH OFNADWY YDI GADAEL i'ch plant gystadlu fel aelodau o'r Urdd. Bu'r plant acw'n cystadlu yn y gorffennol, ond bu ymarfer ar gyfer un gystadleuaeth cydadrodd a chael siom yn y Steddfod Gylch yn ddigon drwg i wneud i'r bychan gysidro ffonio ChildLine.

Peth drud ofnadwy ydi gadael i'ch plant gystadlu yn steddfodau'r Urdd hefyd. Am gyfnod, arwyddair yr Urdd oedd 'I Gymru, i gyd-ddyn ac i Grist' ond bellach, efo'r holl gostau sydd ynghlwm â'r mudiad, dylien nhw gysidro'i newid o i 'I Gymru, i gyd-ddyn ac i dy boced'.

Dwi'm yn gweld pwrpas i'r holl gystadlu, er i mi glywed un ddynes yn honni bod perthyn i'r Urdd yn cyfrannu'n wych at addysg y plant. Roeddwn yn cyd-weld â hi am gyfnod, nes i mi sylweddoli nad oedd hynny'n wir bob tro.

Gadewch i mi egluro. Mae Steddfod Genedlaethol yr Urdd i fod i ymweld â'r gogledd a'r de bob yn ail flwyddyn, yn tydi? 'Run peth â'r Steddfod Genedlaethol bob mis Awst. Un flwyddyn yn y de ac yna'r llall yn y gogledd, dyna ydi'r rheol. Dwi'n iawn, yn tydw? Mae hynny wedi bod yn rheol ers cyn y Magna blwmin Carta. Wel, os mai dyna'r rheol, yna tydi'r Urdd ddim yn cyfrannu fawr ddim at addysg y plant bach. Yn wir, mae'n gwneud llanast llwyr o'r addysg maen nhw wedi'i derbyn.

Beth ddigwyddodd ychydig flynyddoedd yn ôl? Un flwyddyn roedd Steddfod Genedlaethol yr Urdd yng Nghaerdydd ac mae'r rhan fwya ohonoch chi'n gwybod, heblaw am y rhai concýsd yn eich mysg, fod Caerdydd yn y de. Dilynwch hyn rŵan. Ddwy flynedd yn ddiweddarach, roedd y Steddfod yn Abertawe. Yn y de.

Ond beth am y flwyddyn rhwng y ddwy Steddfod yn y de? Ble cafodd hi ei chynnal? Wel, yn y gogledd siŵr, medda chi. Mae'n ddrwg gen i atgoffa pawb, ond mi oedd hi yn Nyffryn Aeron, ger Aberaeron. Yng Ngheredigion! Ewch i sbio ar fap o Gymru. Tydi unrhyw fudiad sy'n cysidro Aberaeron fel rhywle yn y gogledd ddim fawr o help i addysg ddaearyddol y plant, nac 'di?

Beth bynnag. Dwi'n cofio gweld y bychan yn adrodd – sorri, yn llefaru – unwaith mewn Steddfod Gylch. Roedd hi fath â charchar Wormwood Scrubs yn y neuadd. Pam? Am fod llond y lle o ddynion nad oedd isio bod yno ac yn trio meddwl am ffyrdd o ddianc. Dyna lle roedd fy mab ar y llwyfan yn gwneud stumiau mawr ac yn oedi mor hir rhwng dwy frawddeg nes bod gan bawb gyfle i fynd i'r tŷ bach rhyngddyn nhw. Mi gafodd ail am lefaru yno ond chafodd o ddim llwyddiant yn y Steddfod Sir. Beirniad ciami? Naci, Calpol. Roeddwn i wedi rhoi Calpol ar ei gornfflecs gan nad oeddwn i isio i fy mab greu embaras i'r teulu.

Dwi'n cofio athrawes yn dod ata i unwaith a dweud bod y bychan wedi ennill mewn cystadleuaeth dawnsio creadigol yn y Steddfod Gylch. Maen nhw wedi cael cynta am ddawnsio gan ddynwared afon, medda hi. Ychydig wythnosau'n ddiweddarach, daeth hi ata i eto a dweud eu bod nhw wedi cael y wobr gynta am ddawnsio fel afon yn y Steddfod Sir a bod isio i ni fynd â nhw lawr i'r Genedlaethol yn Abertawe. Abertawe, medda fi wrtha i fy hun, mae fan'na ochra Swansea. Mi gostith ffortiwn i dalu am y petrol i fynd yno a chael lle i aros. Bu bron i mi â dweud wrthi – os ydyn nhw mor dda â hynny am ddynwared afon pam na wnawn nhw lifo yno ar eu pennau eu hunain.

Aros mewn stafell i deulu mewn Travelodge wnaethon ni. Dwi'm yn berson mawr, a does neb arall yn y teulu dros ei bum troedfedd a saith modfedd. Eto i gyd, mae'n amlwg i mi taw'r teuluoedd oedd gan y Travelodge mewn golwg wrth greu eu llofftydd oedd teulu'r

24

llygod hynny ar raglenni *Bagpuss* erstalwm.

Bore wedyn fe ddaeth hi'n amser cychwyn am y Steddfod. Cychwyn yn gynnar o'r gwesty a chymryd rhan yn y ddefod flynyddol sy'n digwydd ym mhob Steddfod yr Urdd bellach. Jyst er mwyn atgoffa pawb fod bywyd yn gallu bod yn ddiflas – er mwyn cyrraedd y safle, maen nhw'n gwneud i chi eistedd mewn ciw yn y car am o leiaf awr. *Survival of the fittest* ydi'r unig beth sy'n dod i feddwl rhywun wrth wylio plant bach chwech oed yn rhuthro i'r Steddfod. Y rheiny'n gorfod rhedeg o'u ceir i'r Maes gan gario tiwba neu fas dwbwl ar eu cefnau.

Dwi'n siŵr ei bod hi'n bolisi gan yr Urdd bellach i gadw pobol mewn rhes o draffig cyn cyrraedd y Maes. Pam? Wel, os ydach chi wedi cael siom drwy eistedd yn eich car am ddwyawr cyn cyrraedd y cae, tydi'r siom o weld eich plant yn methu cael llwyfan ddim mor ddrwg wedyn, er eich bod wedi trafeilio dros gan milltir. Mi fysa cyrraedd y cae yn hapus a chlywed nad ydi eich plant wedi llwyddo yn dipyn mwy o sioc. Ond mae cyrraedd y cae yn flin a siomedig cyn y gystadleuaeth yn lot o help i anghofio nad ydi'r parti wedi cael llwyfan.

Dwi'n cofio eistedd yno'n flin fath â tincar

yn disgwyl eu gweld nhw'n cymryd rhan yn y ddawns greadigol. Gan mai 'Ein Hamgylchedd' oedd testun y ddawns, roedd pawb o'r de yn dynwared pyllau glo a gweithfeydd haearn a dur tra bod pawb o'r gogledd yn dynwared defaid, afonydd a melinau gwynt.

Mi wnaeth pawb o'r de ddawnsio i gerddoriaeth drwm gan waldio'i gilydd i gyfleu rhywun yn chwysu chwartiau o dan ddaear. Ar y llaw arall, prancio o gwmpas y llwyfan i gyfeiliant cerddoriaeth glasurol ysgafn wnaeth pawb o'r gogledd gan ddynwared ŵyn a melinau gwynt.

Roedd un ysgol o'r gogledd yn ceisio dynwared melin wynt. Ond oherwydd bod y corff dynol yn methu cyfleu llafn melin wynt yn troi'r holl ffordd, roedd y plant yn edrych fel rhywun yn sefyll ar long yn trio trosglwyddo neges semaffor.

Er mai dim ond am gyfnod byr y bues i'n aelod o Sea Scouts Drenewydd, dwi bron yn sicr fod y cwestiwn 'Beth dwi'n blydi da yma?' wedi treiddio i'r ymennydd yn y cyfnod hwnnw hefyd. Mae'n rhaid bod rhai o'r plant ar y llwyfan wedi meddwl yr un peth.

Yn un rhan o'r gynulleidfa roedd bron i ddwsin o *chavs*. Wedi iddyn nhw weld eu plant yn dawnsio, roeddan nhw ar eu traed yn sgrechian hwrê, ac yn clapio a chwibanu. Basa rhywun yn meddwl eu bod nhw newydd weld eu plant yn ennill y Grand National neu'n ennill medal yn yr Olympics. Ond dim ond dynwared pwll glo a rhyw hen ffatri wnaethon nhw. Pam yr holl orfoledd? Dwi ddim yn siŵr. Mae'n bosib am eu bod nhw'n hapus o gael adloniant yn y bore am y tro cynta erioed nad oedd yn cynnwys *lie detector test*, a dau berson yn cael ffrae am affêr ar *Jeremy Kyle*.

Chafodd ein plant ni ddim llwyddiant ac roedd hi'n ddigon hawdd gweld y siom ym mhobman. Siom ar wynebau'r plant am eu bod nhw ddim yn ddigon da. Siom ar wynebau eu rhieni wrth sylweddoli eu bod wedi gwario'r holl bres i gyrraedd heb unrhyw lwyddiant. Does dim byd gwaeth na'r hen deimlad gwag yna yn eich bol pan rydach chi'n sylweddoli eich bod wedi gwario ffortiwn, a hynny am yr anrhydedd o gael cerdded rownd a rownd rhyw gae yn y mwd a'r glaw.

Yna, fe newidiodd y siom oedd ar wynebau'r rhieni i fod yn un o ddychryn. Pam? Does dim byd gwaeth na sefyll yn siomedig mewn cae yn y glaw, nag oes? Wel, oes. Sylweddoli bellach fod gan eich plant lot o amser sbâr a'u bod nhw am eich llusgo chi i bob cwr o'r Maes, trwy bob pwll o ddŵr ac, wrth gwrs, i wario ffortiwn yn y ffair.

Yr adeg yna fel arfer bydda i'n gofyn y cwestiwn, 'Fydda hi ddim yn syniad da i ni fynd adra er mwyn osgoi'r traffig?' Mae pawb yn gwybod ei bod hi'n cymryd oriau i adael y maes parcio – bron mor wael â'r ymdrech i'w gyrraedd. Ond yr ateb ges i y tro hwnnw mewn cae yn ochrau Abertawe oedd, 'Dim ond naw y bore ydi hi, Dad!'

Wedi bod yn y ffair, peintio wyneb oedd hi wedyn gan wybod y byddai'r annwyl blentyn yn gweiddi mewn poen wrth i chi olchi'r paent i ffwrdd y noson honno. Llun anifail roedd y rhan fwyaf o'r plant wedi'i gael ar eu hwynebau – teigr, sebra, llew a ballu. Ond aeth plant y *chavs* am ryw luniau mwy cyfoes. Dwi'n siŵr bod un hogan fach wedi cael ei pheintio'n oren, yn union fel ei mam.

Yn y diwedd, troi am adre wnaethon ni, a'r plant yn ddigon hapus, ond doedd dim gwên ar wyneb y rhieni. Ond mi oedd gen i wên – un gostiodd ddwy bunt i'w pheintio ar fy ngwep i.

DYNION BACH GWYRDD

Ga i ofyn cwestiwn i chi? Pwy sy'n credu mewn UFOs? Neu, ga i osod y cwestiwn mewn ffordd arall? Pwy sy'n ddigon gwirion a gwallgo i gredu mewn UFOs?

Rŵan ta, mae'n rhaid i mi fod yn ofalus iawn, iawn yn y fan yma. Ga i egluro fy mod i unwaith wedi gweld goleuadau od iawn yn yr awyr uwchben Dinbych. Cyn i chi ffonio i gynnig help i mi, does dim rhaid. Felly, arhoswch funud bach, rŵan. Gadewch i mi roi'r stori gyfan i chi.

Un noson, flynyddoedd maith yn ôl – gobeithio nad ydi hyn yn swnio fel dechrau hen chwedl. Mae hi'n well na hynny, cofiwch, gan nad oes neb efo enw gwirion ynddi.

Ta waeth, un noson, flynyddoedd maith yn ôl, tua un o'r gloch y bore oedd hi. Wel, daeth dyn ata i a dweud bod yna oleuadau od iawn yn yr awyr y tu allan. Gwell i mi beidio â dweud wrthoch chi rŵan lle roeddan ni a phwy oedd y dyn, dwi am i chi ddal i ddarllen.

Beth bynnag, aeth y ddau ohonon ni allan, ac roedd hi'n noson glir ac oer ym mis Ionawr. Yn wir i chi, gwelodd y ddau ohonon ni chwech o oleuadau llachar, gwyn yn yr awyr uwchben bryniau Dyffryn Clwyd. Roedd y chwech mewn rhes yn yr awyr yn aros yn llonydd. Wrth i ni drio penderfynu beth oedden nhw, dyma'r chwech yn dod i lawr ac yn glanio ar y ddaear yn y pellter. Beth sy'n od yn hynny, medda chi?

Wel, ar ôl iddyn nhw fod yn chwe golau mewn rhes yn yr awyr, fe ddisgynnodd pob un ohonyn nhw i lawr, fesul un. Roedd y ddau ohonon ni'n dawel iawn wedyn am tua munud, heb ddweud gair wrth ein gilydd. Yna, wrth i ni wylio, a'n cegau ar agor fel pysgod aur efo *lock-jaw*, mi gododd y chwech yn ôl i fyny, efo'i gilydd y tro hwn. Mi hedfanodd y chwech i ffwrdd ar ddiawl o frys i gyfeiriad y Rhyl. Sylwch, dwi ddim am ddweud yr un jôc am y Rhyl. Pam? Wel, mae'r Rhyl yn ddigon o jôc fel mae hi. Ond, beth ydi'r peth gorau am ddod o'r Rhyl? Wel, yn llythrennol, dod o'r Rhyl.

Rŵan ta, mae'n siŵr bod yna rywun yn gofyn iddo fo'i hun pam nad oeddwn i wedi sôn wrth neb am y peth yn gyhoeddus tan heddiw. Pam nad oeddwn i wedi mynd at y wasg a chael fy holi ganddyn nhw a chael tynnu fy llun ar gyfer y papur lleol a dod yn enwog? Mae'n siŵr eich bod chi i gyd wedi gweld lluniau mewn papur newydd o berson yn edrych yn hurt i mewn i'r camera ac yn pwyntio i fyny tua'r awyr y tu ôl iddo. Wel, rhaid egluro lle roeddan ni ar y pryd. Roedd y ddau ohonon ni yn Ysbyty'r Meddwl yn Ninbych. Nyrs oeddwn i. A'r unig berson arall a welodd y goleuadau efo fi oedd un o'r cleifion.

Yr adeg hynny, mi fyddai cleifion oedd yn dechrau gwella yn cael mynd adre am benwythnos a dod 'nôl i'r ysbyty ar ddydd Llun. Rŵan ta, gan fod y claf dan sylw wedi dechrau gwella, roedd yn edrych ymlaen at gael mynd adre am y tro cynta i fedyddio ei ferch fach dros y Sul. Wel, mi sylweddolodd yn reit sydyn, petaen ni'n dweud wrth rywun ein bod wedi gweld pethau od yn yr awyr... Wel, mi fydden nhw'n dechrau meddwl ei fod o'n dal yn sâl a byddai'n colli ei gyfle i fynd adre.

Ar ôl i'r goleuadau ddiflannu dros y gorwel pell, mi drodd y dyn ata i, a dweud yn hollol seriws, 'Mi fasa hi'n well i ni beidio â sôn wrth neb am hyn neu mi fydd pobol yn meddwl ein bod ni'n boncyrs.' A doedd gen i ddim ateb iddo fo, heblaw nodio fy mhen a chytuno. Felly, aeth y ddau ohonon ni yn ôl i'r ward, a dyna ddiwedd y stori.

Felly do, dwi wedi gweld pethau od yn yr awyr. Do, dwi wedi gweld UFOs – os mai dyna beth oeddan nhw. Dwi ddim yn gwybod beth arall y gallen nhw fod. Cofiwch, fyddwn i ddim am eiliad yn meddwl dweud mai llong ofod o blaned arall oedd hi, a bod 'na ddynion bach gwyrdd yn ei hedfan hi.

Dwi wedi rhannu'r stori hon gydag ambell ffrind ers hynny. Pan fydd rhai yn trio dweud wrtha i mai dynion bach gwyrdd oeddan nhw, pobol ddeallus o blanedau eraill sy'n hoff o hedfan i'r Ddaear, mae gen i ateb digon syml iddyn nhw. 'Dach chi'n wirion bost. Tydach chi ddim yn llawn llathen.'

Plis, peidiwch â dweud wrtha i bod 'na ddynion bach clyfar i fyny fan'na yn hedfan yma o blanedau eraill. Mae'n rhaid eu bod nhw'n glyfar gan eu bod nhw wedi llwyddo i hedfan mor bell. Ond os oes gynnon nhw owns o synnwyr cyffredin, beth ddiawl oeddan nhw'n ei wneud yn Ninbych? Neu, beth ddiawl oedd pwrpas dod i Gymru, tasa hi'n dod i hynny? Pam na fysan nhw wedi mynd i rywle arall, rhywle gwell, rhywle lle nad ydi hi'n bwrw glaw drwy'r amser? Pam na fysan nhw wedi mynd i rywle cynhesach, myn dian i?

Fedra i ddim dychmygu capten llong ofod o blaned Mawrth yn edrych ar un o'r llyfrau taith *Lonely Planet* a phenderfynu hedfan i Ddinbych. Pam nad aeth o'n hytrach i

Bermiwda, neu Honolwlw? Ond, ar y llaw arall, efallai dyna pam hedfanon nhw i ffwrdd mor sydyn. Efallai mai camgymeriad oedd o – cymryd y tro i'r chwith yng Nghorwen yn hytrach na'r dde. Glanio wedyn yn Nyffryn Clwyd, agor y drws, teimlo'r oerfel a chlywed un o'r dynion bach gwyrdd yn gweiddi, 'Blydi Nora, mae hi'n oer yma. Wnei di gau'r drws yn reit handi er mwyn i ni gael mynd yn ddigon pell o fan yma?'

Cofiwch, dwi ddim yn gwybod beth oedd y goleuadau gwyn a dwi ddim wedi trio dweud wrthoch chi mai llong ofod o blaned arall oedd hi. Mae hyn yn wahanol iawn i lot fawr o'r bobol hynny sy'n gweld pethau od yn yr awyr. Mae rhai pobol mor wirion ac mor awyddus i weld llong ofod fel byddan nhw'n mynd allan fin nos i chwilio am un. Bydd nifer fawr yn mynd i fyny rhosydd Dinbych ar ddydd Sadwrn ac yn galw eu hunain yn *UFO spotters*.

Byddan nhw'n gweld goleuadau yn yr awyr, ac yna'n gwneud ffys fawr ac yn cyhoeddi wrth bawb eu bod wedi gweld llong ofod. Tydi'r diawled ddim wedi ystyried eu bod nhw o dan lwybr hedfan meysydd awyr Manceinion a Lerpwl.

'Ddaru ni weld y golau coch yma'n fflachio,' meddan nhw, 'a doedd 'na ddim sŵn awyren.'

Ydach chi am wybod pam? Am fod y dam awyrennau mor uchel yn yr awyr, dyna pam!

Ac maen nhw'n benderfynol o weld llongau gofod. Does ond yn rhaid iddyn nhw weld rhywun ar ben to yn fflachio tortsh ac maen nhw'n meddwl bod hen ddynion bach gwyrdd o blaned Mawrth yn ymosod arnyn nhw. Maen nhw'n ddwl bost, yn fy marn i. Dim ond un peth sy'n fwy gwallgo na dweud eich bod chi wedi gweld llong ofod o blaned arall. Beth ydi hynny? Wel, dweud eich bod wedi cael eich cipio gan bobol o blaned Mawrth a'ch cadw yn erbyn eich ewyllys ar long ofod.

Erstalwm, roedd stori yn yr ardal hon am hogyn ifanc o Fagillt. Roedd o'n honni iddo gael ei gipio a'i gadw'n gaeth ar long ofod am dridiau. Mi gyrhaeddodd y stori y papur lleol ac mi gafodd o dynnu ei lun yn edrych yn syth i'r camera ac yn pwyntio ei fys i gyfeiriad y cymylau. Mi fuodd ar y radio ac ar y teledu yn sôn am ei brofiadau hefyd. Roedd pawb wedi gwirioni, wrth gwrs, pawb yn gwneud ffys ohono, pawb yn ei drin fel seren am ddeuddydd.

Wedyn, ymddangosodd hogyn o Dreffynnon a chyfaddef iddo fod efo'r hogyn o Bagillt am sesiwn ar y cwrw ym Manceinion am dridiau. Dywedodd fod ei ffrind yn rhaffu celwyddau gan nad oedd o am golli ei swydd newydd yng ngwaith glo Point of Ayr.

Yn ôl ffrind arall i mi, oedd yn gweithio yno efo fo o dan ddaear, Captain Kirk fuodd ei lysenw wedi hynny. Yn wir, bob tro byddai'r glowyr yn ei weld yn aros am reid i fyny yn y gawell ar ddiwedd ei shifft, bydden nhw'n gweiddi arno:

'Pam nad wyt ti'n cael dy bîmio i fyny, fath â gweddill y Starship Enterprise?'

Mae miloedd o bobol ddiddychymyg yn cael eu cipio gan bobol mewn llongau gofod bob blwyddyn. Ond pam dwi'n eu galw nhw'n 'ddiddychymyg'? Wel, am y rheswm syml fod eu disgrifiadau nhw o gael eu cipio'n debyg iawn i ddarnau o ffilmiau poblogaidd. Bydd y disgrifiadau o'r llongau gofod yn union fel rhai sy mewn ffilmiau a bydd y bobol oedd ar y llongau gofod yn edrych yn debyg i E.T. – dynion bach moel tair troedfedd fyddan nhw efo wynebau wedi crychu. Y ffyliaid gwirion. Mae pawb call yn sylweddoli nad o blaned Mawrth mae pob dyn bach moel efo gwyneb crychlyd yn dod. Gwelais i ddau y tro diwetha es i drwy'r Bala.

Er bod yr holl bobol hyn sy'n honni iddyn nhw gael eu cipio yn dod o bob rhan o'r byd, mae un peth yn debyg yn nifer fawr o'r storïau.

Bydd pawb yn dweud bod eu cof am y profiad wedi cael ei ddileu o'u hymennydd. Wyddoch chi pam nad oes neb yn cofio popeth am gael eu cipio ac yn meddwl bod eu cof wedi cael ei ddileu? Am na ddigwyddodd y peth yn y lle cynta.

Taswn i'n dweud 'mod i wedi cael fy nghipio, a rhywun yn fy holi beth ddigwyddodd, fyddwn i ddim yn ateb drwy ddweud nad oeddwn i'n cofio. Byddai'n rhaid i mi ymestyn y stori, rhag ofn i bobol feddwl 'mod i'n dweud celwyddau. Sut medrai rhywun anghofio pethau mor frawychus a dweud mai dim ond darnau o'r profiadau roedden nhw'n eu cofio?

'Mae'r rhan fwyaf o'r cof sydd gen i o'r digwyddiad wedi cael ei ddileu o fy ymennydd wedi i mi gael pigiad yn fy mraich?' O, plis!

Tasach chi'n gweld lladrad arfog mewn banc ac yna'n dweud nad ydach chi'n cofio beth ddigwyddodd, byddai rhywun yn siŵr o'ch cloi chi mewn stafell dywyll. Mae'r bobol yma'n ddigon hurt i ddweud nad ydyn nhw'n cofio'r digwyddiad, ond maen nhw hefyd yn ddigon hurt i feddwl bod pawb arall yn hurt i gredu eu stori.

Yr un stori gawn ni oddi wrth bawb: dynion bach gwyrdd o blaned Mawrth, efo digon o allu ac yn deall technoleg hedfan yn ddigon da, wedi llwyddo i adeiladu llong ofod. Mi hedfanon nhw i'r Ddaear mewn llong ofod sy'n well nag unrhyw beth y medrwn ni ei adeiladu ar y ddaear hon. Maen nhw filoedd o flynyddoedd ar y blaen – yn gallu gwneud pob math o bethau na fedrwn ni ddychmygu eu gwneud eto. Ond, wps, tydi eu pigiadau 'gwnewch i'r person anghofio' ddim yn gweithio'n iawn, chwaith. Os oeddan nhw wedi llwyddo i adeiladu llong ofod mor arbennig, yna dylen nhw fod wedi llwyddo i greu pigiadau oedd yn gweithio hefyd.

Dwi wedi darllen am y bobol yma'n ysgrifennu am eu profiadau ar y we. Mae 'na filoedd ohonyn nhw, a phob un yn edrych fel rhywun oedd wedi bod ar raglen Jeremy Kyle. Llai o gelloedd yn yr ymennydd nag sydd o ddannedd yn eu ceg. Maen nhw'n egluro bod y profiad wedi bod yn un dychrynllyd iawn, wrth gwrs. Eto, yr unig beth dychrynllyd ydi'r olwg sy ar y bobol wrth adrodd y storïau, a'r ffaith eu bod nhw'n coelio'r holl rwtsh.

Mewn un clip ar y we, roedd dynes yn dweud iddi gael ei chipio gan ddynion bach efo llygaid mawr du o'r blaned Mawrth. Wedi iddi fynd i'w llong ofod efo nhw, mi ddaru nhw ddechrau gwneud arbrofion arni a thynnu darn o'i hysgyfaint allan. Fedrai rhywun ddim peidio â synhwyro ei bod hi'n siarad drwy ei het. Os llwyddon nhw i dynnu unrhyw beth allan o'i chorff hi, ei hymennydd hi oedd hwnnw! Tasa rhywun angen pigiad i wneud iddyn nhw anghofio am y digwyddiad, y dynion bach efo llygaid mawr du fyddai'r rheini – ar ôl cyfarfod â'r fath ddynes annifyr.

Felly, gyfeillion annwyl, os gwelwch chi oleuadau od yn yr awyr, nid llong ofod fydd hi. Yr unig bethau rhyfedd rydach chi'n debygol o'u gweld ydi'r bobol od hynny sy'n honni eu bod nhw wedi gweld un.

SIARAD Â'R MEIRW

DOES DIM YN FY ngwylltio i'n fwy na phobol yn cymryd mantais ar bobol eraill. Ymhlith y rhain mae gwerthwyr ceir ail-law ac, yn arbennig, y bobol sy'n honni eu bod yn seicic ac yn gallu siarad â'r meirw.

Efallai eich bod chi'n meddwl 'mod i'n gas yn rhoi gwerthwyr ceir ail-law yn yr un categori â phobol seicic. Eto, maen nhw'n eitha tebyg, tasech chi'n gofyn i mi. Flynyddoedd yn ôl, mi brynes gar ail-law gan ryw ddyn lleol, a'r diwrnod wedyn allwn i ddim cychwyn yr injan. Pan ddaeth y dyn acw i drio trwsio'r car, mi ddywedodd, 'Ty'd yn dy flaen, rŵan'. Ond aros yn hollol farw wnaeth yr injan.

Dim ond dau berson seicic dwi wedi'u gweld erioed. Y tro cynta, doeddwn i ddim yn ymwybodol mai dyna oedd ei gwaith hi. Eistedd ger drws cefn Theatr Bae Colwyn yn disgwyl cael mynd adre ar ddiwrnod poeth o haf roeddwn i, yng nghwmni actor ac actores adnabyddus.

O du mewn i'r theatr, mi glywais i andros o sŵn dynes yn sgrechian ac yn gweiddi ar rywun. Wrth i mi symud fy nghlust yn agosach at y drws er mwyn cael clywed yn well, mi agorodd y drws yn sydyn. Taswn i wedi bod fymryn yn agosach dwi'n meddwl byswn i wedi colli 'nghlust. Allan drwy'r drws fe fartsiodd dynes anferth efo wyneb chwyslyd coch mewn ffrog *kaftan* werdd. Roedd ganddi wallt coch, ac ar ei thalcen roedd bindi – gemwaith sydd i'w weld ar dalcen merched yn Asia.

Roedd golwg arni fyddai'n ddigon i ddychryn ci Alsatian, a dweud y gwir wrthoch chi, ac mi sbiodd yn hyll ar bawb wrth basio. Wrth iddi adael am ei char mi waeddodd yn Saesneg nad oedd hi'n rhyw hoff o'r theatr nac o'r rheolwr chwaith. Mi ddefnyddiodd iaith gref iawn, geiriau fyddai'n anweddus i lyfr o'r math yma. Wel, roedd ambell air yn odli efo cwstard ac efo tryc.

Doedd gen i ddim syniad pwy oedd hi, ond mi oedd yn amlwg o'r ffordd roedd hi'n dal ei thrwyn yn yr awyr wrth basio bod Lady Muck yn gwybod yn iawn pwy oedd hi. Wedi iddi fynd, dyma'r actores yn troi ata i a gofyn:

'Ti'n gwbod pwy ydi honna?'

'Nac dw i.'

'Mae hi'n *medium*.'

Roedd hynny'n dipyn o sioc, a bod yn onest, achos byddwn i'n taeru ei bod hi'n *large* os nad yn *extra large*.

Oedd, roedd 'Mrs Trwyn yn yr awyr' yn

siarad efo'r meirw, neu'n trio gwneud i bobol feddwl ei bod hi. A wyddoch chi beth, yn ôl yr ogla chwys oedd yn ei dilyn hi allan o'r adeilad, dim ond y meirw fedrai stumogi siarad efo hi.

Tro arall i mi weld seicic oedd yn y Rhyl. Daeth Derek Acorah i'r dref. Roeddwn i wedi'i weld ar y teledu a dyn digon sebonllyd a ffals oedd o, a dweud y gwir. Ych-a-fi. Tasech chi'n rhoi neidr mewn un fasged a Derek Acorah mewn basged arall a thaflu'r ddau 'run pryd o ben Twr Marcwis yn Sir Fôn – dwi'n gwybod yn iawn pa un fyddwn i'n dweud wrth y dynion tân am ei ddal.

Peidiwch â gofyn i mi pam ond, am ryw reswm, roedd yn rhaid i mi fynd i weld beth oedd yn digwydd mewn sioeau tebyg er mwyn darganfod pa mor hawdd oedd twyllo cynulleidfa.

Wyddoch chi beth, roedd y lle'n orlawn. Llawn o bobol wedi colli rhywun annwyl ac yn desbret am newyddion, neu am air neu ddau gan anwyliaid roedden nhw wedi'u colli. Merched canol oed oedd y rhan fwya, a dim ond llond llaw o ddynion yma ac acw.

Pan ddaeth Derek ar y llwyfan roedd yn gwisgo siwt a sgidiau croen crocodeil, a'i wallt newydd gael *blow dry*. Ar ei fysedd roedd digon o fodrwyau i hongian pâr o lenni, a breichled aur am ei arddwrn ac mi fedrech chi glywed y merched yn llewygu wrth weld eu harwr. Tasech chi wedi gwrando'n ddigon astud mi fyddech wedi 'nghlywed i'n chwerthin yn dawel ac yn cael cyfog gwag. A dweud y gwir wrthoch chi, roedd yn gwisgo mwy o fodrwyau nag sydd o begiau ar lein ddillad.

Beth bynnag, wedi i'r sioe ddechrau dyma fo'n dweud wrth bawb ei fod o'n clywed llais. Ffantastig – dyna pam roeddan ni yno. Mae gen i'r llythyren A, medda fo. A dyma pawb yn meddwl am rywun roeddan nhw'n nabod oedd wedi marw a'i enw'n cychwyn â'r llythyren A.

'Ann, Annie, Amanda, Agnes?' medda fo wedyn.

Unwaith iddo sylweddoli nad oedd neb yn y gynulleidfa â chysylltiad â rhywun marw o'r enwau hyn dyma fo'n gofyn oedd rhywun yn y gynulleidfa o'r enw Ann? Wedi iddo wneud cysylltiad ag Ann, fe aeth ati i siarad mewn modd penagored iawn.

Dywedodd Derek wrth Ann fod ganddo rhywun yn ei helpu ar yr ochor arall o'r enw Sam. Mae'n rhaid i mi gyfaddef fy mod wedi edrych draw i ochor arall y llwyfan i weld y person oedd yno i'w helpu. Roedd Sam wedi dweud wrtho fod Ann wedi bod mewn cysylltiad â marwolaeth yn ddiweddar. Pan sylweddolodd Derek nad oedd dim roedd yn ei ddweud yn gwneud synnwyr i Ann, wnaeth o ddim cymryd y bai, ond mynd ati i ddweud y drefn wrth Sam, ei ffrind dychmygol. Mi chwarddodd pawb wedi i Derek gwyno nad oedd o'n gallu cael y staff iawn y dyddiau hyn. Oni fyddai bywyd yn wych petai pawb yn medru beio'u cyfeillion dychmygol pan fyddai popeth yn mynd o chwith?

'Dwi'n gweld gwallt gwyn, gwyn,' medda fo wrth Ann wedyn. 'Dwi'n gweld hen berson.'

Doedd dim angen bod yn Einstein i wneud cysylltiad rhwng Ann oedd tua hanner cant oed a hen berson oedd wedi marw. Doedd dim angen bod yn glyfar ac yn ddoctor i sylweddoli ei bod hi wedi colli rhywun oedd yn agos ati a hithau bellach yn hanner cant oed.

A dyma Ann, y jolpan wirion, yn gofyn iddo, 'Ai Nain sydd yno?' Bingo! Fe aeth llygaid yr hen Derek yn fawr fath â soseri ac mi ddechreuodd ysgwyd fel hen ddynes wedi hitio'r jacpot ar beiriant *one-arm bandit*. Wrth gwrs, medda fo. Mae dy nain di yma, mae hi'n annwyl iawn. Mae'n gwisgo ffedog ac mae hi'n siarad lot. Ond er bod pawb yn y gynulleidfa wedi cael o leia un nain oedd yn annwyl, yn gwisgo ffedog ac yn siarad lot, mi lyncodd pawb y ffars.

Yn hwyrach y noson honno dyma fo'n

dweud wrth y gynulleidfa bod 'na J ac O yn ymddangos. Oes person wedi colli rhywun efo J a O yn eu henwau? John, efallai Joe? Jones. Oes person yma wedi colli rhywun o'r enw Jones? A beth ddigwyddodd yn y Rhyl, yng Nghymru, pan ofynnodd o oedd rhywun yn nabod person o'r enw Jones oedd wedi marw? Cododd pump cant o ferched eu breichiau yn yr awyr efo'i gilydd. Digon o flewiach cesail yn y golwg i stwffio soffa.

Aeth o at un ddynes a dweud wrthi, 'Dwi'n gweld ffigwr tadol.' Ddaru o ddim dweud eich tad, ond ffigwr tadol. Mi fyddai wedi gallu bod yn unrhyw Jones oedd hi'n nabod oedd yn dad i rywun.

'Fy nhad i ydi o,' meddai'r ddynes, a hithau wedi gwirioni erbyn hyn.

Wedyn, dyma Derek yn gafael yn ei frest a dechrau anadlu'n od iawn.

'Dwi'n cael trafferth anadlu,' medda fo.

Yna, mi ofynnodd i'r ddynes, 'Oedd eich tad yn cael trafferth anadlu cyn marw?'

'Oedd,' medda hi. Ac fe ddaru pawb dynnu anadl yn sydyn yr un pryd.

Wyddoch chi beth, bu bron i mi sefyll ar fy nhraed a gweiddi, 'Mae pawb yn cael trafferth anadlu cyn marw. Maen nhw'n stopio anadlu – dyna ydi'r drafferth. Dyna ydi marw!'

Un peth ddaeth i fy meddwl yn ystod y sioe oedd pam bod pawb sydd ar yr ochor arall yn dweud wrth y gynulleidfa eu bod nhw'n caru eu teulu? Pam nad oedd unrhyw un yn rhoi gwybodaeth wahanol i ni? Ond, yn bwysicach, pam bod pawb oedd yn ymddangos i Derek i fyny yn y nefoedd? Pam nad oedd o'n cael sgwrs â'r meirw i lawr yn uffern? Ddaeth neb yno'r noson honno yn cwyno ei bod hi'n boeth. Neb yn dweud bod hi'n uffernol yno na'i bod hi'n *dead* yno.

Ewch ar y we i weld tudalen Derek. Mae'n sôn am gael help gan Sam. Wel, neis iawn, dwi'n eich clywed chi'n dweud. Ond mae 'na fwy iddi na hynna. Dyn o Ethiopia ydi Sam a'i enw go iawn ydi Masumai. Roedd yn filwr ac fe gafodd ei ladd mewn brwydr yng ngogledd y wlad. Mae gen i biti drosto fo, y creadur bach. Mae'r byd yma wedi bod yn greulon iawn wrtho. Ar ei ymweliad â'r byd yma mi gafodd ei fagu ac yna ei ladd yn nhlodi Affrica, a rŵan mae'r creadur bach yn gorfod sgwrsio â Derek Acorah.

Mae'r stori am Sam yn anhygoel. Mi gewch chi ddarllen yr hanes ar wefan Derek amdano ddwy fil o flynyddoedd yn ôl, yn byw yn Ethiopia efo Sam. Mae'n sôn yn y stori amdano'n cloi ei hun yn ei gartref a rhoi coed ar draws drws y tŷ rhag ofn i bobol ymosod arno. Beth sy'n fy mhoeni i fwya ydi'r ffaith nad ydi'r cythral gwirion wedi gwneud ei waith ymchwil yn dda iawn ond eto bod pobol yn llyncu'r stori. Ydach chi'n trio dweud wrtha i fod pobol dlawd Ethiopia ddwy fil o flynyddoedd yn ôl yn byw mewn tai efo drysau?!

Wedyn, mae Derek yn hel atgofion am ddwyn torth er mwyn bwydo ei gyfaill. Mae'n sôn am fynd i rywle a gweld torthau ffres ar silff. Beth oedd hyn? Y siop fara gyntaf yn hanes y byd? Os edrychwch chi ar y we, doedd pobol Ethiopia ddim yn crasu bara yr adeg honno. Yr unig beth tebyg i fara oedd ganddyn nhw oedd rhywbeth tebyg i grempog.

Felly, peidiwch â wastio'ch pres yn gwrando ar y bobol yma sy'n honni eu bod nhw'n siarad â'r meirw. Os ydi Derek wirioneddol isio helpu pobol i ddygymod â'u colled, yna does dim angen gwneud hynny o flaen mil o bobol. Dwi ddim yn dallt sut y gall rhai pobol wneud arian a chymryd mantais ar bobol yn eu galar.

CHWARAEON

Dwi wedi bod yn un sy'n hoff iawn o chwaraeon erioed. Ydw, dwi wrth fy modd yn gwylio gêm dda o rygbi neu bêl-droed ond bysa'n well gen i wthio nodwydd o dan fy ewinedd na chwarae rhyw gamp y dyddiau hyn. Oeddwn, roeddwn i'n awyddus iawn i chwarae erstalwm pan o'n i yn yr ysgol.

Y cof cynta sydd gen i o chwarae pêl-droed ydi yn y saithdegau ar gae'r ysgol. Am nad oedd unrhyw hyfforddiant i'w gael yr adeg honno, y cwbwl dwi'n ei gofio ydi ugain o hogiau yn dilyn pêl rownd y cae mor agos at ei gilydd â bwnsh o fananas ac yn cicio lympiau allan o goesau'r tîm arall.

Yn ddiweddarach, wedi i mi symud o un ysgol uwchradd oedd yn chwarae llawer iawn o bêl-droed i ysgol arall nad oedd yn chwarae dim ond rygbi, mi ffeindiais fod anwybodaeth a dweud celwyddau yn ddau beth peryglus iawn. Wrth wisgo i fynd allan i chwarae rygbi yn fy nillad newydd sbon, fe ddaeth yr athro ymarfer corff ata i a gofyn oeddwn i wedi chwarae rygbi o'r blaen. Gan ei fod yn edrych fel dyn fyddai'n ddigon parod i fwyta rhywun mambi pambi nad oedd wedi chwarae rygbi, fe benderfynais ddweud celwyddau. Do, meddwn i, gan drio edrych yn cŵl, ond doeddwn i ddim wedi rhag-weld y cwestiwn nesa. 'Pa safle?' holodd o yn ei acen de Cymru orau.

Wel, roedd gofyn cwestiwn o'r fath i rywun nad oedd erioed wedi gweld gêm rygbi, heb sôn am ei chwarae, yn gofyn am drwbwl. Byddai wedi bod yn haws tasa fo wedi gofyn i mi ateb cwestiwn ar algebra o dop fy mhen. Ond gan 'mod i wedi blyffio fy ateb cynta, doeddwn i ddim am sefyll yno a chyfaddef nad oeddwn i hyd yn oed wedi gafael mewn pêl rygbi cyn y diwrnod hwnnw.

Yn yr eiliadau oedd yn teimlo fel munudau hir, syllodd yr athro arna i gan ddisgwyl ateb. Daeth nifer fawr o atebion i'r meddwl. Un ateb oedd esgus 'mod i wedi camddeall y cwestiwn cynta. Ond yn anffodus, fedrwn i ddim meddwl yn ddigon sydyn.

O rywle, does gen i ddim syniad o ble, daeth gair yn ymwneud â rygbi i 'mhen i. Doedd gen i ddim syniad beth oedd ystyr y gair ond cyn bo hir, ar gae oer a gwlyb, roeddwn am gael gwybod yn reit handi.

'Bachwr,' meddwn i ac mi edrychodd yr athro arna i, i fyny ac i lawr, a sylweddoli bod mwy o gyhyrau ar bostyn lein ddillad nag arna i.

I ffwrdd â ni wedyn i'r cae i chwarae gêm o rygbi am y tro cynta yn 'y mywyd. Chwarae teg, mi wnaeth ambell hogyn bwyntio a dangos i mi lle roeddwn i i fod i sefyll.

'Ti fod i fyny fan'na,' medda un, ac mi fyddwn yn ymateb gan ddweud,

'O, ia, ti'n iawn. Beth sy'n bod arna i?'

Roedd popeth yn mynd yn iawn am y deng munud cynta. Roeddwn i wedi llwyddo i gadw'n glir o'r bêl, y mwd a phawb arall ar y cae ac wedi llwyddo i weiddi am y bêl a dangos rhwystredigaeth ffug o beidio â'i derbyn er mwyn rhoi'r argraff i'r athro 'mod i'n dipyn o foi.

Aeth popeth yn dda iawn, mor dda nes dechreuais feddwl 'mod i'n hoff iawn o'r gêm. Ond, yn sydyn, fe newidiodd hynny.

Fe chwythodd yr athro ei chwiban a galw am sgrym. O ddiogelwch pen draw'r cae, mi sefais yno'n gwylio'r hogiau mwya oedd yno yn hel at ei gilydd ger yr athro. Rhoddodd ambell un ohonyn nhw eu breichiau am ei gilydd ac aeth rhai eraill ar eu pengliniau ar lawr y tu ôl iddyn nhw.

Yna, dyma nhw'n troi'n sydyn i weld lle roeddwn i. Gan fod pawb yn sbio arna i mi drois inna i edrych y tu ôl i mi, er mwyn gweld beth oeddan nhw wedi'i weld.

Wedi i mi sylweddoli mai edrych arna i roedden nhw, mi drois i sbio yn ôl. Yna, gwaeddodd dau foi mawr o 'nhîm i arna i i fynd draw atyn nhw.

Wel, mi redais draw at y sgrym heb feddwl dim byd, a dyma'r athro'n pwyntio at y bwlch rhwng y ddau hogyn mwya ar y cae. Sylweddolais 'mod i fod i sefyll rhwng y ddau. Fe ddigwyddodd pethau'n sydyn iawn wedyn. Ac er bod hynny flynyddoedd yn ôl, dwi'n dal i gael *flashbacks* hyd y dydd heddiw. Cyn i un droed lanio ar y llawr rhwng y ddau hogyn tew, roedden nhw wedi 'nhroi i rownd ac wedi rhoi eu breichiau amdana i. Roeddwn i'n sefyll yno efo dau hogyn tew yn fy nal yn dynn ac yn wynebu tri hogyn mawr yn sefyll o'n blaenau. Y tri ohonyn nhw'n hogiau ffarm, mae'n siŵr gen i, a'r tri yn ddigon cyhyrog i godi dwy felen o wellt yn un llaw a chario llo o dan y fraich arall.

Cyn i mi gael cyfle i brotestio a chyfaddef 'mod i wedi dweud celwydd, a chyn i mi sylweddoli beth oedd yn mynd i ddigwydd nesa, aeth y sgrym i lawr. Yn sydyn, dyma fi'n teimlo pen rhywun yn dod rhwng fy nghlun i a chlun yr hogyn nesa ata i. Cyn i mi gael cyfle i ofyn beth gythrel oedd yn digwydd, fe ddaeth pen rhywun arall yr ochor arall. Rŵan ta, pan mae dau foi mawr tew efo'u breichiau rownd eich ysgwyddau chi, a dau foi mawr cyhyrog yn stwffio'u pennau rhwng eich cluniau o'r tu ôl, does 'na ddim llawer y medrwch chi ei wneud. Tydi dianc ddim yn opsiwn a doeddwn i ddim mewn unrhyw sefyllfa i brotestio nac ymladd yn ôl.

Wedyn, dyma'r ddau oedd naill ochor i mi yn plygu yn eu hanner a gan 'mod i'n sownd wrth y ddau, doedd dim allwn i wneud ond plygu efo nhw. Roedd y tri hogyn mawr oedd gynt yn fy wynebu wedi diflannu a finnau'n edrych ar y glaswellt o dan draed. *'Touch, pause, engage'* ydi'r floedd gan y dyfarnwyr ar gaeau rygbi y dyddiau yma ond does gen i ddim syniad beth gafodd ei weiddi y prynhawn hwnnw ar gae'r ysgol. Gan 'mod i'n gafael yn dynn yn y ddau naill ochor i mi, roeddwn yn teimlo fel tasen ni'n barod i engêjo unrhyw funud.

Fedra i ddim egluro beth ddigwyddodd wedyn ond mi ddaeth gwasgfa o'r tu ôl ac o'r tu blaen. Sôn am boen! Dwi ddim wedi teimlo'r ffasiwn boen ers hynny, a dweud y gwir wrthoch chi. Dwi'n dallt, bellach, mai bachu'r bêl yn ôl oedd fy ngwaith i yn y sefyllfa honno ond wnes i ddim llwyddo. Dim am fod y bachwr yn y tîm arall yn well na fi. O na, ond am 'mod i'n rhy brysur yn sgrechian fel mochyn mewn poen i dalu unrhyw sylw i'r bêl.

Mae'n rhaid bod y bêl wedi gadael y sgrym ond ar lawr bues i gyda hogiau mawr ardal Rhyd-y-main ar fy mhen. Fi oedd yr olaf i godi ac erbyn hynny roedd y bêl ym mhen pella'r cae a phawb yn galw arna i i fynd am sgrym unwaith eto. Beth wnes i? Dwi wastad yn edmygu chwaraewyr o bob maes sy'n mynd drwy boen, neu'n ymladd poen er mwyn llwyddo ond cogio 'mod i wedi brifo wnes i. Roedd gen i boenau yn fy nghoesau, yn fy mrest ac roedd hyd yn oed fy ngwddw'n brifo gan i mi sgrechian cymaint.

Dim ond rhyw hen deimlad o siom ac ych-a-fi dwi'n ei gael wrth gofio am chwaraeon yn yr ysgol. Doeddwn i'n dda i ddim yn y gampfa, chwaith. Sefyll yno'n rhynnu fyddwn i fel arfer. Methu neidio dros y ceffyl, na'r ceffyl foltio chwaith. Roeddwn i wedi gweld un yn cael ei ddefnyddio yn y ffilm *The Great Escape* a dyna'n union beth roeddwn i am wneud.

Dwi'n ddiolchgar iawn i'r ysgol gan 'mod i wedi cael lot o ddefnydd o'r rhan fwya o bethau a ddysges i yno. Fe ges i wersi Mathemateg ac ers hynny dwi wedi defnyddio'r wybodaeth mewn bywyd bob dydd. Gwych yntê. Cefais wersi Cymraeg, Daearyddiaeth a Choginio yno hefyd, a dwi wedi cael y cyfle i ddefnyddio'r hyn ddysges i yn y gwersi hynny hefyd mewn bywyd bob dydd. Ond dwi erioed, erioed, erioed, erioed, ffaffin erioed – dim un diwrnod o'r tri deg chwe blynedd ers i mi fod yn yr ysgol – wedi gorfod dringo rhaff fel roedd yn rhaid i ni wneud yn y gampfa.

Byddai hogiau o Brithdir yn mynd i fyny fel siot ac yn gwneud triciau ar y rhaffau, ond fedrwn i ddim mynd yn uwch na throedfedd. Dyna lle byddai hogiau Brithdir yn mynd i fyny ac i lawr mewn chwinciad a'r cyfan fedrwn i ei wneud fyddai eu hedmygu nhw wrth swingio o ochor i ochor fel pendil cloc.

Na, siomedig iawn oeddwn i wrth wneud unrhyw fath o chwaraeon. Anghofia i byth y tro pan godais fy *shot-put* cynta a bron i mi gael hernia. Roedd o mor drwm, bu bron i mi ofyn am help i'w godi oddi ar y llawr. Wedi i'r athro ddangos i ni sut i daflu'r *shot*, dwi'n dal i gofio gorfoledd pan aeth o'm llaw a glanio ar lawr heb daro fy nhroed. Ond byr iawn oedd y gorfoledd, mae'n ddrwg gen i ddweud. Er 'mod i'n eitha hapus gyda'r tafliad, pan ofynnais i'r athro oedd o am fesur y pellter, y cwbwl ges i oedd, 'Sdim pwynt, mae'n rhaid iddo fynd y tu fas i'r cylch, gwd boi.'

53

IACHÁU TRWY FFYDD

Dim ond un peth sy'n waeth na phobol sy'n honni eu bod nhw'n gallu siarad efo'r meirw a chymryd mantais o bobol yn eu galar, a hynny ydi'r diawled drwg sy'n honni eu bod nhw'n gallu iacháu pobol trwy ffydd.

Pa fath o bobol sy'n mynd o gwmpas yn rhaffu celwyddau gan ddweud eu bod yn medru iacháu pobol, dwedwch? Mae'n cymryd rhywun sy'n is na chragen malwen i wneud y ffasiwn beth, yn tydi.

Mae'n iawn i ddoctoriaid ddweud eu bod nhw'n gallu iacháu pobol, cofiwch. Maen nhw wedi cael blynyddoedd o brofiad yn ymdrin â chleifion, wedi cael tystysgrifau di-rif a llythrennau ar ôl eu henwau. Ond dim ond tair llythyren sydd ar ôl enwau'r rhai sy'n twyllo pobol ac yn cymryd mantais ar eu ffydd a'u gobaith, a'r rheiny ydi C, O ac N.

Edrychwch ar y we, neu gwyliwch y teledu'n hwyr y nos ac mae 'na ddegau o bobol yn honni eu bod nhw'n gallu iacháu gyda chymorth Duw. Rŵan ta, does gen i ddim problem efo Duw. Rhydd i bawb gredu yn unrhyw beth maen nhw isio. Ond pan dwi'n gweld y bobol yma'n twyllo'r tlawd ac yn cymryd eu pres...

wel, dwi angen cael fy iacháu fy hun gan 'mod i'n teimlo fel chwydu.

Dwi ddim yn ddyn treisgar, dwi erioed wedi taro neb ond mae gwylio'r bobol yma'n rhaffu celwyddau yn gwneud i mi deimlo mor flin fel y byddwn i'n ddigon parod i rhoi cic go hegar iddyn nhw yn eu penolau. Ac wrth iddyn nhw weiddi mewn poen a rhoi eu llaw dros y man sy'n brifo, mi fyddwn i'n dweud wrthyn nhw am iacháu eu hunain.

Yn y saithdegau a'r wythdegau roedd dyn o'r enw Peter Popoff yn mynd o gwmpas y byd yn iacháu pobol trwy ffydd. Byddai'n gwneud miliynau o ddoleri y flwyddyn wrth i dros fil o bobol fynychu ei wasanaethau bob wythnos. Mae 'na glipiau ohono ar y we yn iacháu pobol a'r rheiny'n dawnsio mewn gorfoledd wedi iddyn nhw daflu eu ffyn o'r neilltu.

Mi fyddai Peter yn galw enwau pobol yn y dorf ac yn dweud wrthyn nhw ei fod am eu helpu. Mi fyddai'n gwybod beth oedd yn bod arnyn nhw ac yn gwybod beth oedd yn eu poeni heb iddo'u gweld erioed o'r blaen. On'd ydi hynny'n anhygoel?! Roedd hynny'n wyrth ynddo'i hun, heb sôn am yr hyn fyddai'n digwydd wedyn.

Haleliwia. Doedd dim ond angen i chi weld wynebau'r bobol yn y gynulleidfa wrth iddyn nhw glywed y manylion yn cael eu cyhoeddi gan 'Peter, Praise the Lord, Popoff' i sylweddoli mai gwyrth oedd yr holl beth.

Sut ddiawl oedd o'n gwybod enwau'r bobol hyn a beth oedd yn eu poeni? Mae'n rhaid bod Pete mewn cysylltiad efo Duw. Scersli bilîf! Doedd ganddo fo affliw o ddim cysylltiad efo Duw. Mae'n beryg nad oedd Duw ddim isio dim byd i'w wneud efo'r cythral celwyddog. Ond wyddoch chi beth, mi oedd o mewn cysylltiad â rhywun – ei wraig.

Fel hyn fyddai pethau'n digwydd. Byddai tyrfa'n mynd yno i fod yn rhan o'r gynulleidfa ac yn llenwi cardiau gweddi cyn mynd i mewn i'r brif neuadd. Byddai pawb yn rhoi eu henwau ar y cerdyn, gan gynnwys yr hyn fyddai'n eu poeni a'r hyn y bydden nhw am i bawb weddïo ar eu rhan. Wedyn, diolch i'r peiriant osododd y cwmni teledu yn y neuadd ryw noson, fe glywson ni wraig Peter yn siarad ar y *walkie-talkie* oedd wedi'i gysylltu â theclyn yng nghlust Peter.

Mewn rhaglen a gafodd ei darlledu yn America fe glywodd pawb hyn, a dwi'n falch o ddweud mai dyna'r rhaglen olaf wnaeth Peter Popoff. A dweud y gwir, chlywodd neb sôn amdano wedyn. Aeth Peter Popoff yn Peter Shove-off!

Un arall o'r twyllwyr yma ydi Benny Hinn – dyn o Israel symudodd i Ganada yn yr wythdegau. Roedd miloedd o bobol yn gwylio'i raglen deledu ac yn mynd i'w gyfarfodydd. Ar ei raglen, roedd yn bosib gweld pobol yn cyhoeddi bod Benny wedi llwyddo i gael gwared ar eu poenau, neu wedi cael gwared ar salwch o fewn munudau. Ond os edrychwch chi ar y we, cewch wybod y gwirionedd. Cewch wybod beth mae'r cythral drwg hwn yn ei wneud.

Caiff pawb sydd mewn cadair olwyn, pawb sydd yn amlwg yn dioddef o salwch gwael, eu cadw yng nghefn y neuadd. Fyddan nhw byth yn cael eu gweld yn ystod y rhaglen. Pan ddaw rhywun yno'n dioddef o anabledd difrifol, mae'n cael ei arwain i'r cefn gan staff Benny.

Yn ystod y sioe, pan fydd Benny yn galw pobol sydd am gael eu hiacháu i'r llwyfan, bydd ciw o bobol yn aros ger y llwyfan. Dyna'r hyn fyddai rhywun yn ei ddisgwyl, yntê. Ond, pan ddaw rhywun o gefn y neuadd, rhywun sy'n edrych yn ddifrifol wael, i ymuno â'r ciw, dyfalwch beth sy'n digwydd wedyn. Byddan nhw'n cael eu harwain yn ôl i gefn y neuadd gan staff Benny Hinn.

Dim ond y bobol hynny nad ydyn nhw'n amlwg yn sâl iawn sy'n cael mynd ar y llwyfan. Dim ond y bobol efo cefn drwg, neu bengliniau sy'n brifo gaiff iachâd gan Benny. Dim ond y bobol sy'n cwyno am boenau mewnol, rhywbeth na fedrith neb ei weld, gaiff fynd ar y llwyfan.

Bellach, gan fod pobol America wedi sylweddoli ei fod o'n rhaffu celwyddau, fydd Benny ddim yn cynnal llawer o wasanaethau yno. Yn hytrach, bydd yn canolbwyntio ar Affrica, De America, India a llefydd tlawd y byd. Llefydd lle nad ydi pobol wedi clywed am y cyhuddiadau o dwyll yn ei erbyn.

Mae 'na lawer o storïau o gwmpas y byd am iacháu trwy ffydd. Mae'r ffynnon yn Nhreffynnon yn boblogaidd yng Nghymru. Erstalwm, roedd miloedd o bobol yn tyrru yno bob blwyddyn i gael iachâd, ond distaw yw hi yno bellach. Does neb o Shotton yn mynd yno, beth bynnag – rhag ofn iddyn nhw gael iachâd o'u salwch a cholli eu *sick benefit*.

TRINIAETHAU

YDACH CHI WEDI BOD yn dioddef yn ddiweddar o ddiffyg egni, iselder, poen cefn, cur pen, dolur gwddw, pigyn clust, neu ddiffyg traul? Neu ydach chi'n clywed pethau od, yn gweld pethau od, yn ogleuo pethau od a hynny heb fod yng nghwmni rhywun o gefn gwlad? Hefyd, os ydach chi'n dioddef o ecsema, yn teimlo'n rhyfedd ac yn gwlychu'r gwely, wel, peidiwch â thrio trin yr afiechydon hyn drwy fynd i weld rhai sy'n cynnig triniaethau gwahanol.

Heb ddoctoriaid iawn a ffisig go iawn erstalwm, mi fyddai pob person amheus, pob twyllwr ag owns o ymennydd, yn creu triniaeth ar gyfer pob afiechyd posib. Yn aml, mi fydden nhw'n honni bod eu triniaeth, a dim ond eu triniaeth nhw, yn gallu trin yr afiechydon dan sylw.

Y dyddiau yma fe welwn hysbysebion mewn cylchgronau ac ar y teledu yn targedu merched. Hysbysebion sy'n dweud wrth ferched nad ydyn nhw'n berffaith a bod rhaid iddyn nhw drio colur penodol, neu shampŵ arbennig mae'r hysbysebwyr yn trio'i werthu.

Tra bod dynion yn poeni llai am faint eu brestiau a'r mwstás dan eu trwynau, mae ambell beth wedi cael ei dargedu atyn nhw a'u hansicrwydd hefyd yn y gorffennol. Un o'r rhain oedd yr Heidelberg Electric Belt. Yn 1899 roedd yn bosib prynu belt oedd yn mynd o gwmpas eich canol a'ch rhannau preifat. Ynddo, roedd batris a fyddai'n creu cerrynt trydan o gwmpas rhan isaf eich canol – yn enwedig y crown jiwals. Roedd Mr Heidelberg yn honni bod y belt yn gwella pob math o broblemau oedd yn ymwneud â nerfusrwydd ymysg dynion ac yn helpu pawb fyddai â 'phroblemau personol' ac yn poeni am bethau.

Efallai ei fod o'n dweud y gwir. Taswn i'n gwisgo'r belt, gan 'mod i'n poeni'n aml am bethau fel tlodi neu ddiweithdra, byddwn i'n anghofio amdanyn nhw'n syth bìn. Byddwn i'n poeni mwy am wlychu fy hun a chael ugain mil o foltiau trwy 'nhin.

Dim syndod, felly, nad oes unrhyw un mewn lluniau o'r oes honno'n gwenu. Edrychwch chi ar y lluniau o ddynion o'r cyfnod ac maen nhw i gyd yn edrych yn hollol seriws. Byddwn innau hefyd. Bysa ofn arna i wenu ac ymlacio, rhag ofn i mi ollwng ychydig o ddŵr. A sôn am ddŵr, mae'n siŵr fod dynion oedd yn gwisgo belt Heidelberg yn ysgwyd eu rhannau preifat yn drylwyr iawn, rhag ofn iddyn nhw electrociwtio eu hunain drwy ddriblan.

Roedd pobol ofnadwy o gwmpas erstalwm. Pobol oedd yn trio gwerthu pethau i chi nad oeddan nhw'n dda i ddim a hyd yn oed yn gwneud pethau'n waeth ar adegau.

Meddyliwch fod deintyddion wedi awgrymu bod pobol yn rhoi Cocaine Toothache Drops i'w plant. Mae rhywun yn dychryn wrth feddwl am y peth heddiw. Y dyddiau yma, mae hi'n anodd iawn cael plant i fynd at y deintydd ond erstalwm, os oeddan nhw'n cael Cocaine Toothache Drops mae'n siŵr eu bod nhw'n sgipio wrth fynd yno ac yn gadael dan ganu. Mae'n siŵr fod pobol yn heidio yno, yn y gobaith o gael ychydig o'r *drops* gan y deintydd. Byddai ymweliad â'r deintydd yr adeg honno'n cael gwared ar y ddannodd a phob dim arall hefyd. Bydden nhw'n tynnu dant ac mi fyddai pob problem yn diflannu wrth i'r dant drwg ddiflannu. Dychmygwch eich hun yn edrych yn y drych ar eich llun ac yn gwenu heb fawr o ddannedd ond yn teimlo fel *rock star*.

Oedd, roedd 'na bobol felly o gwmpas gynt. Pobol oedd yn gwerthu Morphine Drops i fabis bach er mwyn gwneud yn siŵr y bydden nhw'n cysgu, ac yn rhoi merciwri at y peswch.

Darllenwch hynna unwaith eto – cymryd merciwri at y peswch. Roedd pobol yn llyncu'r peth mwya tocsig ar y blaned i gael gwared ar ddolur gwddw a pheswch. Mae hynna 'run fath â chael gwared ar ddolur gwddw drwy roi eich pen mewn gilotîn. Ych-a-fi, meddyliwch am lyncu merciwri. Os ydi o rywbeth yn debyg i'r merciwri sy gynnon ni mewn thermomedr adre, yna tasach chi'n mynd allan ar ddiwrnod poeth mi fasach chi'n tyfu'n dalach.

Wel, doedd merciwri ddim yn ddrwg i gyd, meddan nhw. Roedd merciwri'n cael ei ddefnyddio i drin syffilis, a wyddoch chi beth, roedd o'n llwyddo. Oedd tad! Rhowch ferciwri i rywun sy'n dioddef efo syffilis – maen nhw'n marw. Yna, hei presto, mae gynnoch chi un person yn llai yn y byd sy'n dioddef o syffilis.

Mae'n siŵr eich bod chi'n meddwl erbyn hyn, 'Diolch i Dduw nad oeddwn i'n byw yr adeg honno. Diolch i Dduw bod pobol sy'n credu'r ffasiwn rwtsh wedi hen fynd a bod pobol y dyddiau yma'n ddigon doeth i weld drwy'r lol.' Wyddoch chi be, rydach chi'n anghywir.

Mae'r farchnad am bob math o ffisig gwahanol a thriniaethau gwallgo at salwch yn fwy poblogaidd nag erioed. Os dilynwch chi fy nghyngor i, fe wnewch chi safio pres ond, yn bwyscicach na hynny, fydd neb yn eich galw chi'n ffŵl y tu ôl i'ch cefn.

Faint ohonoch chi sydd wedi clywed am

reflexology? Mae person yn rhwbio gwaelod eich traed ac rydach chi'n gwella'n wyrthiol am eich bod chi'n ddigon dwl i feddwl bod eich organau wedi'u cysylltu â rhannau o'ch traed.

Beth ydi'r pwynt o rwbio'ch traed chi er mwyn gwella cur pen neu boen bol? Pam nad ewch chi at rywun sy'n mynd i archwilio eich pen neu eich bol yn hytrach na rhwbio eich traed? Neu oes ar y bobol yma ormod o ofn mynd i gael sgan ar yr ymennydd? Pam ar wyneb y ddaear eu bod nhw'n meddwl bod rhwbio un rhan o'r corff yn mynd i wella rhan arall?

Fysach chi'n mynd â car at fecanic mewn garej yn cwyno am y *spark plugs* a disgwyl ei weld o'n glanhau'r *indicator* ôl? Byddech chi'n chwerthin ar ei ben. Wel, tydi talu ffortiwn i rywun rwbio'ch traed am fod gynnoch chi asthma ddim yn beth call i'w wneud, chwaith. Does dim cysylltiad rhwng y ddau. Mae hynny 'run fath â ffonio plymar i gwyno bod ganddoch chi beipen wedi byrstio yn eich tŷ yn Nolgellau a disgwyl iddo fo fynd â thrwsio peipen yn nhŷ rhywun dydach chi ddim yn ei nabod yn ymyl Fflint. Fysach chi'n gwneud hynny? Fyswn i ddim.

Mae pobol yn dweud bod *reflexology* wedi

dod o'r Aifft tua mil o flynyddoedd yn ôl. Pam? Wel, mae'r ateb yn ddigon syml. Doedd diawl o ddim byd arall i'w wneud yno 'radeg hynny, heblaw adeiladu pyramid neu fynd am dro.

Be well y medrech chi ei gael ar ôl bod am dro yn yr anialwch, neu ar ôl cael camel yn sefyll ar eich troed, na chael rhywun i rwbio'ch traed. Roedd pobol yn bownd o deimlo'n well, yn toeddan. Ond tydi hynna ddim yn mynd i ddigwydd y dyddiau yma. Mi welais i hysbyseb ar y we yn ddiweddar yn cyhoeddi bod *reflexology* yn dda iawn i'ch helpu chi i golli pwysau. Fedra i ddim gweld sut mae hynny'n gweithio – heblaw nad ydach chi ddim yn gallu bwyta tra ydach chi'n gorwedd ar eich cefn yn cael y driniaeth, rhag ofn i chi dagu. Gyda llaw, os ydach chi wedi meddwl mynd yno i golli pwysau, dwi'n ddigon parod i fetio mai'r unig beth fydd yn colli pwysau fydd eich waled.

Dwi'n dal i drio gweld sut mae rhannau o'ch corff wedi'u cysylltu â rhannau o'ch traed. Oes ewch chi i weld rhywun sy'n rhoi'r driniaeth hon i bobol, mi fasan nhw'n trin cur pen drwy rwbio bys bawd eich troed. Maen nhw'n coelio bod y ddau wedi'u cysylltu. Ond, os ydi o'n wir bod rhwbio bawd y droed yn helpu i gael gwared ar gur pen, pam felly, pan fydd rhywun

64

yn sathru ar fawd eich troed, na chewch chi gur yn eich pen? Dwi erioed wedi gweld rhywun yn bwrw bysedd eu traed ar goes bwrdd – gan ddioddef y poen gwaetha posib – ac yn gweiddi, 'Aw! Fy mhen i!'

Therapi arall y dylia pobol efo mwy o bres nag o synnwyr feddwl mwy amdano ydi therapi magnetau. Mae rhai yn credu petaech chi'n gorchuddio eich hun â magnetau y byddai'n bosib i chi gael gwared ar eich arthritis a lleddfu'r boen. Maen nhw'n honni bod y magnetau yn gallu helpu cylchrediad y gwaed o gwmpas y corff, cywiro rhywbeth yn eich nerfau, cynyddu ocsigen a gwella hylifau'r corff. Ond wyddoch chi beth? A chitha adre ac yn penderfynu gorchuddio eich corff mewn magnetau, dim ond un peth fydd yn siŵr o ddigwydd. Bob tro yr ewch chi heibio'r oergell neu'r popty, ewch chi'n sownd. Mi wnewch chi anghofio eich bod chi mewn poen o unrhyw fath gan y byddwch chi'n rhy brysur yn trio rhyddhau'ch hun o'r metel.

Mae'r therapyddion hyn yn credu y gall y magnetau effeithio ar yr haearn yn ein gwaed. Ond y gwir ydi bod yr haearn sydd yn ein gwaed ynghlwm wrth yr haemoglobin. Mae peiriant MRI yn defnyddio magnetau cryf iawn, felly petai eu syniad gwallgo nhw'n wir, bod y gwaed yn cael ei dynnu gan y magnetau, mi fyddai pawb sy'n cael sgan MRI yn chwythu i fyny. A beth fyddai'r pwynt o gael sgan os gwnaiff o eich lladd chi? Fedrwch chi ddychmygu doctor yn dweud wrth glaf, 'Rydan ni am roi sgan i chi, er mwyn gweld beth sy'n bod. Wedyn gawn ni wybod popeth am eich salwch, er y byddwch chi wedi marw ar ôl cael y sgan.' Beth fyddai'r pwynt, felly?

Fedrith y bobol hyn ddim profi bod y magnetau'n gweithio. Eto i gyd, maen nhw'n ddigon hapus i gymryd mantais o bobol sy'n ddigon gwirion i lyncu'r celwyddau. Yr unig beth y medrith magnetau ei wneud o ddydd i ddydd i'ch helpu chi ydi dal y darnau papur ar yr oergell er mwyn eich atgoffa chi o bethau sydd rhaid eu gwneud. Ar dop pob rhestr dyliech chi sgwennu – 'Peidiwch â phrynu unrhyw beth magnetig a'i roi ar y corff.'

Mae pobol sy'n gwario arian prin ar *reflexology* a therapi magnetau yn siŵr o wneud i chi boeni am stad eu meddwl. Wel, pan sonia i am y math nesa o therapydd, mi fyddwch yn ddigon hapus i'w cloi nhw mewn cell a'u gadael nhw yno, er mwyn eu harbed rhag eu hunain.

Dwi ddim am enwi'r therapi rhag ofn i mi gael fy siwio ond mae 'na therapi ar gael sy'n cymryd gwlith oddi ar flodau, a'i gymysgu â dŵr a brandi. Maen nhw'n honni ei fod yn gallu gwella pobol sy'n dioddef o bob mathau o salwch.

A dweud y gwir, tydi'r ddiod hon ddim yn trin yr afiechyd ond mae'n trin y meddwl sy'n achosi'r afiechyd. Yn eu tyb nhw, os gwnewch chi wella'r meddwl, yna fe wneith y meddwl wella'r corff.

Maen nhw'n honni y medran nhw gynnig help i'r cleifion hynny sydd:

1 yn ofnus

2 yn ansicr

3 wedi colli pob diddordeb

4 yn unig

5 yn rhy sensitif

6 yn llawn anobaith

7 yn poeni gormod am bobol eraill.

Wrth i mi deipio hyn dwi'n sylweddoli y dylien nhw ychwanegu un stad meddwl arall at y rhestr:

8 yn cynnig help i bobol dwp. Yn enwedig y bobol hynny sy'n ddigon twp i goelio'r fath lol.

Mae'n rhaid i chi sylweddoli mor wirion ydi'r holl beth. Roedd gan y dyn feddyliodd am hyn oll gysylltiadau seicic efo blodau. Be ddigwyddodd iddo fo wedyn? A fu'n rhaid iddo gael triniaeth am ei fod yn wallgo? Naddo. A gafodd o ei arestio am drio twyllo bobol? Naddo. A oedd pobol yn taflu cerrig ato a'i alw'n nytar am feddwl y ffasiwn beth? Nag oeddan.

Wedi iddo sylweddoli bod ganddo gysylltiad seicic efo blodau wrth ddal ei law drostyn nhw, mi ffeindiodd eu bod yn gallu bod o gymorth iddo'n feddyliol. Fedrwch chi goelio hynny? Aeth o rownd yr ardd a chael help yn feddyliol gan y blodau. Wel, wnaethon nhw ddim cynnig digon o help iddo a'i atal rhag cael syniadau mor hurt. Wedi iddo ddarganfod bod y blodau o gymorth, mi sylweddolodd fod haul y bore oedd yn pasio drwy'r gwlith yn trosglwyddo pŵer iacháu i'r gwlith.

Haul y bore? Gwlith? Ydi'r bobol sy'n prynu'r poteli bach hyn yn gwybod beth maen nhw'n wneud? Mae gan y bobol yma blant! Maen nhw'n gyrru ceir! Os ydach chi'n coelio mewn haul sy'n pasio drwy wlith ac yn trosglwyddo pwerau i'r gwlith, yna ddyliach chi ddim cael caniatâd i fagu plant! Ddyliach chi ddim cael gyrru car. Mae'r holl beth yn swnio'n chwerthinllyd. Ond eto i gyd, bob dydd o'r flwyddyn mi fydd pobol yn prynu'r poteli bach hyn er mwyn cael gwared ar eu hansicrwydd drwy roi dau ddropyn ar eu tafodau a honni eu bod yn teimlo'n well. Mae'r holl beth yn gwneud i mi fod isio taflu'r cyfrifiadur yma drwy'r ffenest wrth deipio hyn. Ond dwi ddim am ddweud wrth neb arall chwaith, rhag ofn i ryw ffŵl ddweud wrtha i bod gynno fo botelaid fach o wlith a brandi fyddai'n gallu cynnig help i fi.

Sut ar wyneb y ddaear dwi'n rhannu'r blaned yma efo pobol sy'n ddigon boncyrs i goelio yn y ffasiwn beth? Beth aeth o'i le? Maen nhw'n dweud bod pobol wedi datblygu llawer dros y ddwy filiwn o flynyddoedd diwethaf. Wel, tasach chi'n gofyn i mi, tydan ni ddim wedi datblygu digon. Mae'r bobol sy'n cymryd y stwff yma yn gwneud i ddyn oedd yn byw mewn ogof filiynau o flynyddoedd yn ôl ymddangos yn Einstein.

Beth ddigwyddodd i'r dyn bach ddechreuodd hyn? Wnaeth o iacháu ei hun o bob afiechyd a byw tan ei fod yn gant oed? Naddo. Bu farw pan oedd yn hanner cant oed. Damia, tasa fo ond wedi casglu mwy o wlith yn haul y bore!

Yr ola a'r mwya boncyrs o'r triniaethau amgen ydi homeopathi. Er mwyn egluro'r hyn maen nhw'n wneud, byddan nhw'n cymryd meddyginiaeth sydd wedi cael ei brofi ei fod yn gweithio'n iawn, yn ei wanhau cymaint fel bod dim bron ohono ar ôl ac yna'n ei roi i bobol i'w helpu nhw wella. Neu, mewn geiriau eraill, cymryd llwyaid o ffisig at beswch, ei dywallt i mewn i Lyn Tegid a dweud wrth bobol am yfed llwyaid o'r dŵr i wella. Ond petai pobol yn sylweddoli pa hylif arall sy'n cael ei dywallt i mewn i Lyn Tegid bob nos Sadwrn, fydden nhw ddim mor barod i yfed y dŵr hwnnw.

MAES AWYR MÔN

Os ydach chi'n byw yng nghanolbarth Cymru rydach chi'n lwcus iawn ond yn colli un o brofiadau unigryw bywyd. Does gynnoch chi, wrth gwrs, ddim rheswm dros deithio i fyny i Sir Fôn er mwyn hedfan yn ôl lawr i Gaerdydd. Dim ond ffŵl fyddai'n gwneud. Os cewch chi gyfle – er dydi o ddim yn gwneud synnwyr i chi drafeilio i Sir Fôn, chwaith – trïwch o unwaith. Fel dwedodd Nain, mae'n rhaid i chi drio popeth unwaith – jyst cyn iddi syrthio oddi ar y simdda wrth drio parashwtio gan ddefnyddio lliain bwrdd.

Fe sylweddolwch chi dri pheth wrth hedfan o'r gogledd i'r de. Y cynta ydi, pa mor hyfryd ydi Cymru o'r awyr. Mae hyd yn oed y Bermo yn edrych yn lle hyfryd i fyw. Yn ail, fe sylweddolwch faint o staff y Cynulliad sy'n trafeilio uwch ein pennau ni bob dydd ac yn edrych i lawr arnan ni. Ac yn drydydd, ac yn bwysicach na dim, wedi i chi gyrraedd Caerdydd, fe sylweddolwch pa mor lwcus ydach chi eich bod chi'n dal yn fyw.

Tasach chi'n hedfan o Sir Fôn i Gaerdydd ac yn clywed rhywun yn eich beirniadu'n llym, tydi o ddiawl o bwys. Fedrith dim byd ladd y teimlad o hapusrwydd rydach chi'n ei gael wrth i'ch traed gyffwrdd y llawr yng Nghaerdydd.

Mae mynd i Faes Awyr Môn fel mynd i faes awyr go iawn, heblaw ei fod o'n llai ac nad ydach chi'n gorfod mynd heibio arwydd sy'n dweud 'Welcome to England'.

Mae'n edrych o bell fel adeilad wedi ei wneud o Lego ac wrth i chi gyrraedd, rydach chi'n sylweddoli mai adeilad wedi ei wneud o Lego ydi o.

Maes parcio. Tewch â sôn. Anferth. Gair o gyngor i chi i gyd yn fan hyn. Os oes gynnoch chi Sat Nav, ewch â fo efo chi, achos byddwch ei angen er mwyn eich helpu chi i ddod o hyd i'r car. Ydi o'n faes awyr diogel – ydi'r car yn saff? Mae o yng nghanol nunlla! Os ffeindith rhywun eich car chi mae'n haeddu medal Duke of Edinburgh. Mae 'na storïau am bobol wedi bod yn trio dod o hyd i'w car am oriau, a stori am un arall wedi marw o newyn cyn dod o hyd iddo.

Wedyn, wrth i chi gerdded i mewn i'r adeilad, dyna pryd mae'r hwyl yn dechrau. Cerddwch i mewn i Faes Awyr Manceinion a byddwch yn synnu at faint y lle. Cerddwch i mewn i Faes Awyr Môn ac fe synnwch pa mor fach ydi'r lle. Fedrwch chi ddim symud o gwmpas, os nad ydi'r naw arall sy'n teithio efo chi'n mynd i'r toiled. Cerddwch i mewn a bydd pawb yn troi i sbio arnoch chi. Pobol yn trio eich pwyso a mesur ydyn nhw, er mwyn penderfynu yn ymyl pwy i eistedd ar y ffordd i Gaerdydd.

Yr unig beth sy'n debygol o ddigwydd pan gerddwch chi i mewn i Faes Awyr Môn ydi bod y ferch ar y *check-in* yn twt-twtian am eich bod chi wedi cyrraedd cyn iddi gael cyfle i orffen y pos yn rhifyn diweddara *Take a Break*.

Pan dwi'n cerdded i mewn i Faes Awyr Manceinion dwi'n dechrau panicio yn syth wrth edrych ar yr holl ddesgiau *check-in* a gofyn, 'Pa rif ydw i isio?' Ond ym Maes Awyr Môn mae'n hawdd. Mae'n dweud ar yr arwydd ar y wal wrth y drws – 'Flights to Cardiff, at check-in 1'. Gadewch i mi egluro un peth i chi. Tydi'r rhif 1 ddim yno er mwyn gwahaniaethu. Ym Maes Awyr Môn, dim ond un *check-in* sydd yno.

Ym Manceinion a Lerpwl byddwch chi'n gorfod ciwio am hydoedd. Weithiau, byddwch chi'n teimlo bod hanner eich gwyliau drosodd ond, chwarae teg, mae hi'n sydyn iawn ym Môn. Mae'r hogan wedi stampio pob dim ac wedi ticio pob bocs cyn i chi fod o fewn pum troedfedd i'r ddesg. Ond, yn anffodus, tydi rhywun ddim isio iddi hi fod mor sydyn. Ym Manceinion rydach chi'n ciwio ac isio mynd i'r caffi, neu i'r siop Duty Free ond ym Môn does affliw o ddim byd arall i'w wneud yno. Yr agosa dowch chi at samplo persawr ydi eistedd drws nesa i ryw *power dresser* o'r Cynulliad.

Yr unig beth bydd pawb yn ei wneud ydi eistedd yn llonydd mewn cadeiriau plastig yn gwylio'r teledu. Roeddwn i wedi meddwl cwyno bod y teledu'n darlledu rhaglenni gwael ond wedyn mi wnes i sylweddoli mai tric seicolegol oedd hyn. Gan fod y rhaglen ar y teledu mor wael, bydd yr hedfan yn teimlo'n llawer gwell nag ydi o.

Chwarter awr cyn hedfan, mae'r hogan flin *Take a Break* yn gweiddi ar bawb i fynd drwy Security. Pawb wedyn yn cydio yn eu bagiau a diolch dan eu gwynt mai dyna'r tro ola byddan nhw'n gweld yr hogan *Take a Break*. Cerdded wedyn ar hyd y coridor, agor y drysau mawr dwbwl efo'r geiriau Security arnyn nhw a phwy sydd yno i'ch croesawu? Ia, dyna chi. Hogan y *check-in*.

Rhaid i chi gario eich cês eich hun ar draws y maes awyr at yr awyren. Rhaid cerdded heibio awyrennau'r Llu Awyr – awyrennau sy'n costio miliynau o bunnoedd – a sylwi ar ddau neu dri o swyddogion yn eu hymyl yn gwneud yn siŵr fod pob dim yn gweithio'n iawn. Caiff rhywun ei ddychryn wedyn wrth weld yr awyren arall, honno sy'n hedfan i Gaerdydd. Hen beth wen sy'n ratlo fath â dannedd Nain. Oes rhywun yn sefyll tu allan i honno, yn gwneud yn siŵr fod pob dim yn gweithio'n iawn? Oes, ond dim ond un dyn bach. Dyna pryd dwi'n dechrau teimlo'n ofnus a hyd yn oed yn gweld apêl teithio ar fws Arriva. Roedd hi'n awyren mor hen nes bod enw'r cwmni oedd piau hi mewn hieroglyffics. Roedd ei chynffon yn fwy modern gan fod y rhif arno mewn rhifau Rhufeinig.

Dringon ni'r grisiau wedyn a'r *stewardess* yn ein croesawu i'r awyren, yn Gymraeg. Iaith y nefoedd, chwarae teg iddi. Ond ydach chi'n gwybod pam ei bod hi'n croesawu pawb yn iaith y nefoedd? Am fod gan y cwmni bolisi Cymraeg? Naci! Yr unig reswm oedd mai'r nefoedd oedd un o'r llefydd y gallech chi lanio yno cyn diwedd y daith.

Roedd hi'n hogan iawn, cofiwch. Hogan ddigon clên. Roedd hi'n edrych yn ddigon profiadol, os ydach chi'n deall be sy gen i – roedd ei dyddiau hi efo awyrennau Virgin wedi hen basio.

Roedd yr awyren mor gul, pan gerddodd hi i'r tu blaen i gyhoeddi'r trefniadau diogelwch roedd rhaid iddi gerdded wysg ei hochor gan gnocio penelin pawb wrth basio. Roedd hi'n methu gwneud arwyddion i ddangos lle roedd yr allanfa dân yn hawdd. Er mwyn agor ei breichiau allan yn llydan a phwyntio roedd rhaid iddi agor y ffenestri yn yr ochrau.

Doedd ganddi hi ddim troli te na choffi – doedd dim lle. Doedd dim lle i chi gerdded i lawr y canol yn cario soser heb sôn am droli. Y cyfan oedd ganddi oedd hambwrdd ac mi gariodd hwnnw dros bennau pawb. Hambwrdd efo deg o frechdanau tiwna mewn pacedi plastig a bowlen o gnau. Mi gymerais frechdan tiwna ond erbyn i mi lwyddo i agor fy mhaced plastig roedd hi'n amser glanio. Dwi ddim yn amau na chafodd hi gyfarwyddiadau i ludio'r pacedi wrth ei gilydd fel bod gan bobol rywbeth i'w wneud ar y ffordd, gan nad oedd unrhyw adloniant.

Awyren fach? Tewch â sôn. Roeddwn i'n eistedd yn y tu blaen jyst y tu ôl i'r capten. Taswn i wedi bod yn agosach ato fo, mi faswn i wedi bod yn ail beilot. Roedd hi mor gyfyng yn y tu blaen nes bod rhaid imi beidio â chroesi 'nghoesau er mwyn iddo fo gael tynnu'r sbardun i godi'r awyren. Mi refiodd gymaint nes ei bod hi'n swnio fel hen Nissan Micra.

Wna i byth anghofio edrych yn ôl wrth i ni

gychwyn esgyn a gweld llygaid pawb ar gau. Ew, mae pawb yn eitha *relaxed*, meddwn i wrth y *stewardess*. Nac ydyn, medda hi, gweddïo maen nhw.

Roedd hogia Plaid Cymru i gyd yn eistedd yn y cefn – achos doeddan nhw erioed wedi clywed am awyren yn bagio i mewn i ddim byd. Wedi edrych eto, roedd un neu ddau yn edrych yn eitha poenus. Nerfusrwydd, mae'n siŵr, neu'n trio meddwl am enw Saesneg arall ar eu plaid.

Roedd y boi Lib Dem, chwarae teg, yn cael eistedd ar lin y Tori yn y tu blaen – er mwyn i hwnnw esgus ei fod o'n gadael iddo fo ddreifio.

Take-off? Tra bydda i byw, wna i byth anghofio mynd dros ffens y maes awyr ac edrych i lawr gan feddwl bod pawb yn edrych fel morgrug bach. Yna sylweddoli mai morgrug oeddan nhw a'n bod ni'n hedfan ar uchder o ryw ugain troedfedd.

'Mae'r awyren yn rhy drwm,' sgrechiodd y peilot dros bob man. 'Taflwch rywbeth trwm allan,' gwaeddodd wedyn, gan drio osgoi taro lorri oedd yn cario llwyth o wellt. Wedi i'r peilot weiddi'r gair 'trwm', trodd y *stewardess* ar ei hochor yn ei chadair a thynnu ei hanadl i mewn er mwyn edrych ychydig yn ysgafnach

77

nag oedd hi. Diolch i'r drefn, er y panig a'r sgrechian, roedd popeth yn iawn, ar ôl i rai o staff y Cynulliad agor y ffenestri a thaflu eu ffurflenni costau allan.

Aeth yr awyren ffwl spid, er nad ydi ffwl spid mewn awyren â phropelar ddim yn symud yn gyflym iawn. A dweud y gwir, fyswn i ddim yn synnu gweld rhywun ar y ddaear ar sgwter yn mynd yn gynt. Wna i byth anghofio edrych i lawr wrth gyrraedd afon Menai. Yna, gwario pum munud yn trio agor fy mrechdan, cyn codi fy mhen eto, gweld afon a meddwl taw'r Fawddach oedd hi erbyn hynny. Sylweddoli wedyn ein bod ni'n dal dros y Fenai.

Diolch i'r nef mai am i lawr roeddan ni'n mynd ac nid yn ôl i fyny. I lawr yr allt i'r de wrth reswm, er mae'n siŵr y byddai gwaith pedlo ar y ffordd yn ôl i fyny.

Wir, trïwch hedfan o Faes Awyr Môn. Mae'n eich gwneud yn berson diolchgar iawn ar ôl ichi lanio.

Bydd rhai pobol gefnog yn mynd i lawr i siopa i Gaerdydd cyn hedfan yn ôl adre yn hwyr yn y prynhawn. Sut dwi'n gwybod? Wel, mi welais i un ym maes awyr Caerdydd yn trio mynd drwy Security. Ffarmwr cefnog o Ynys Môn oedd o, yn gwthio wardrob roedd o newydd ei phrynu yn Ikea.